学科德育指导手册

— 小 学 —

罗 滨 主编 / 申军红 林秀艳 副主编

清華大学出版社
北 京

内 容 简 介

　　落实立德树人根本任务，培养德智体美劳全面发展的社会主义建设者和接班人，学科教学是主渠道。本书内容分为两大部分，即通识部分和学科部分。通识部分着重阐明学科德育的缘起与政策依据，学科德育的基本理念、方法、策略，以及学科德育的专业保障。学科部分则提供语文、数学、英语、美术四个代表性学科的德育范畴、实施建议和典型课例。本书为小学教师开展学科德育提供了理念、方法和实践的具体指导，极具启发性与示范性。

图书在版编目（CIP）数据

学科德育指导手册 . 小学 / 罗滨主编 . — 北京：清华大学出版社，2024.1
ISBN 978-7-302-65229-8

Ⅰ . ①学… 　Ⅱ . ①罗… 　Ⅲ . ①德育 – 小学 – 教学参考资料 　Ⅳ . ① G621.6

中国国家版本馆 CIP 数据核字（2024）第 016784 号

责任编辑：彭远同
封面设计：傅瑞学
责任校对：赵琳爽
责任印制：丛怀宇

出版发行：清华大学出版社
　　　网　　　址：https://www.tup.com.cn，https://www.wqxuetang.com
　　　地　　　址：北京清华大学学研大厦 A 座　　　邮　　编：100084
　　　社 总 机：010-83470000　　　邮　　购：010-62786544
　　　投稿与读者服务：010-62776969，c-service@tup.tsinghua.edu.cn
　　　质量反馈：010-62772015，zhiliang@tup.tsinghua.edu.cn
印 装 者：小森印刷（北京）有限公司
经　　销：全国新华书店
开　　本：185mm×260mm　　　印　　张：7.75　　　字　　数：159 千字
版　　次：2024 年 1 月第 1 版　　　印　　次：2024 年 1 月第 1 次印刷
定　　价：38.00 元

产品编号：105472-01

党的二十大报告指出，"教育是国之大计、党之大计。培养什么人、怎样培养人、为谁培养人是教育的根本问题。育人的根本在于立德。全面贯彻党的教育方针，落实立德树人根本任务，培养德智体美劳全面发展的社会主义建设者和接班人"。学科教学是落实立德树人根本任务的主渠道。

北京市海淀区历来重视学科德育工作，许多教师能够意识到在各学科教学活动中落实德育目标的重要性，但是在教学实践中，教师们仍普遍感受到学科德育做到"有效"不易，缺乏策略和方法。因此，一线教师迫切需要能够指导教学实践的《学科德育指导手册（小学）》（以下简称《手册》）。

2017 年 5 月，海淀区教工委、教委启动海淀区"绿色成长"学科德育项目，在区教委德育科、基教一科、基教二科等科室的大力支持下，海淀区教师进修学校带领 45 所实验学校先行先试，以点带面，为全区学科德育走出一条可行之路。

"绿色成长"学科德育项目在罗滨副秘书长的亲自指导和姚守梅校长的支持保障下，由申军红书记带领林秀艳副校长负责项目实施工作，形成了一个以教研员为核心，以高校科研院所的专家为引领，以中小学特级教师、骨干教师为骨干力量，兼具思想定力、学术功力、教研活力和实践能力的跨学段、跨学科教研共同体。项目组立足课堂教学主阵地，采用"研究、实践、改进"螺旋上升的项目推进机制，以课例研究为载体，对学科德育的原理、方法、策略等进行深入研究，破解学科教学的育人难题，发挥各学科德育功能。

经过六年的努力，项目组编写出了这本《手册》。本书涵盖通识理论、学科指导和典型课例，内容分为两大部分，即通识部分和学科部分。通识部分着重阐明学科德育的缘起与政策依据，学科德育的基本理念、方法、策略，以及学科德育的专业保障。学科部分提供小学代表性学科的德育范畴、实施建议和典型课例。每个学科均包含明确的"5+X"学科德育范畴，其中"5"为《中小学德育工作指南》中指出的 5 个方面的德育内容，是各学科共同的德育范畴；"X"为体现学科本质的学科特色德育内容范畴。学科德育实施建议从课程标准、学科核心素养出发，分析本学科的育人价值，提出实施学科德育的策略和基本方法。学科德育典型课例包含教学设计、反思与改进、教研员点评等。

《手册》为小学教师开展学科德育提供了理念、方法的指导，以及具体课例的示范。同时，《手册》也适用于区校两级教师研修，可作为教师培训的教学用书和教学资源，如用于区级学科德育通识理论培训和分学科的学科德育教师研修，用于校本研修、教研组研修及教师个人自修。

《手册》的编写凝聚了"绿色成长"学科德育项目组的集体心血和智慧。罗滨副秘书长对项目设计与研究给予了非常具体的指导，姚守梅校长既提供人力保障，又提供经费支持。申军红书记带领林秀艳副校长负责各章节内容的统筹规划与协调。项目组核心成员赵岩、任兴来、许长明、曲豪彦、田圆在全书内容的组织、通识部分的撰写、视频资源的建设等方面付出了巨大努力。各学科教研员带领一线骨干教师完成了本学科内容的撰写和典型课例的研发（详见下表）。特别感谢李晓东、谢春风、洪明等专家，每当遇到困难时，专家们就是"定海神针"，为项目研究指明方向、提供指导。感谢 45 所实验校项目负责人和骨干教师，为《手册》的编写提供了需求建议、实践场域和案例。

写作和课例研发分工

章　节	作　者　姓　名	课例研发教师
通识部分	申军红、赵岩、许长明、洪云、曲豪彦	
小学语文	王化英	张雨萌
小学数学	孙京红、刘锌、郭学锐、张文野	李京华
小学英语	樊凯	许祎玮
小学美术	杨健	陈虎
统稿	姚守梅、申军红、赵岩、许长明、洪云	

道阻且长，行则将至。《手册》作为海淀区"绿色成长"学科德育项目组的阶段研究成果，标志着海淀区在学科育人道路上又迈出了坚实的一步。今后，项目组在用《手册》指导教师课堂教学实践的同时，将继续在实践中深入研究学理，丰富课例资源，优化实施策略，不断提升课堂育人品质！

申军红

2023 年 5 月 8 日

目　录

第一部分

通　识

　　学科教学是立德树人的主渠道，教师应充分认清教学的育人价值，理顺学科教学与德育的关系，着眼于学生的全面、健康发展，不断探索，勇于实践，持续推进学科德育工作，强力发挥教书育人的作用。

第一章
编写《学科德育指导手册（小学）》的背景

为什么要在学科教学中融入德育是学科德育首先要解决的问题。厘清教育、教学与德育的关系，探本溯源地了解学科德育的由来、政策依据和现实必要，将有助于教师提升学科德育的自觉。

第一节　学科德育的缘起

中华人民共和国成立以来，德育工作一直在党和国家的领导下，随着中国教育现代化进程不断发展。1978 年改革开放后至 20 世纪末，中国德育理论与实践经历过两个阶段：1978—1988 年是德育学科的恢复与科学探索阶段，1989—1998 年是结合我国社会转型进行德育思想、德育理论系统化研究阶段。[1] 21 世纪以来，我国德育发展逐渐进入新时代，理论和实践成果更加丰富。

1978—1988 年，全国德育建设的重点是努力恢复规范化的学校德育。中华人民共和国国家教育委员会（中华人民共和国教育部的前身，以下简称国家教委）相继制定了《小学生守则》《中学生守则》和《高等学校学生守则》等系列学生行为规范，使学校德育逐步走向科学化、规范化和序列化。1988 年，国家教委发布《小学德育纲要（试行）》和《中学德育大纲（试行稿）》，提出"各科教学是向学生进行思想品德教育的最经常、最基本的途径，它对培养学生的思想道德素质具有重要的作用"，首次从国家层面明确了学科德育的意义和作用，标志着学科德育时代的到来。

20 世纪 80 年代至 90 年代，中国持续推进改革开放之际，世界范围内经历东欧剧变、冷战结束。党和国家旗帜鲜明反对自由化思潮，坚持走中国特色社会主义道路。国家教委

---

[1]　张忠华，叶雨涵.改革开放四十年我国德育理论研究主题嬗变 [J].高校教育管理，2018，12（6）：14-21.

提出，学校不但要有专门的德育课程，而且要在其他学科教育中体现德育内容，以与大德育目标相呼应。1990年，国家教委基础教育司在学科教学大纲中提出"德育渗透"的概念。例如，语文学科"思想政治教育必须根据语文学科的特点，渗透在教学过程中，起到潜移默化的作用"。[1] 学科德育成为学校德育新的发展路径之一。

开展学科德育的讨论与实践随后展开。上海市大同中学提出"各学校、各科教师都应该高度重视学科德育工作，要根据教学大纲的要求和学科的特点，有计划有目的地对学生进行科学世界观和社会主义思想品德的教育，使教育教学活动有机结合，融为一体，促进学生全面健康地成长"。[2] 德育要为社会主义现代化建设服务。同时，也有学者提出，德育渗透应遵循学生身心发展的规律。

1993年，《中国教育改革和发展纲要》提出中小学要由"应试教育"转到全面提高国民素质的轨道上来，明确了"坚持教育的社会主义方向，培养德智体全面发展的建设者和接班人"的培养目标，强调"教师应当把德育贯穿和渗透到教育教学的全过程中"。"素质教育"从此成为中国基础教育改革和发展的方向。1994年8月31日，《中共中央关于进一步加强和改进学校德育工作的若干意见》正式颁布，文件指出："按照不同学科特点，促进各类学科与课程同德育的有机结合。借鉴国外包括发达国家在这方面的经验和做法，在教育改革中积极探索，总结经验，并及时加以规范，形成稳定的机制。……各门课程的建设应体现社会主义办学方向和全面发展的办学指导思想，教学大纲和教学评估标准要有正确的思想导向。教学主管部门和教研人员要深入教学领域与学生实际，有针对性地发挥教学、科研的德育功能。"

2000年12月，中共中央办公厅、国务院办公厅印发了《关于适应新形势进一步加强和改进中小学德育工作的意见》，首次对"学科德育"的实施进行了具体的解释，即"德育要寓于各学科教学之中，贯穿于教育教学的各个环节。中小学语文、历史、地理、数学、物理、化学、生物、自然等学科要根据各自的特点，结合教学内容对学生进行爱国主义、社会主义、中国近现代史、基本国情、民族团结和辩证唯物主义世界观教育，以及科学精神、科学方法、科学态度的教育。体育、音乐、美术等学科也要结合学科特点，陶冶学生情操，激发爱国主义情感，培养团结协作和坚韧不拔的精神"。2001年，中华人民共和国教育部（以下简称教育部）印发《义务教育课程设置实验方案》，强调"各门课程均应结合本学科

---

[1]　中华人民共和国国家教育委员会. 全日制中学语文教学大纲（修订本）[M]. 北京：人民教育出版社，1990：2.

[2]　上海市大同中学. 寓德育于各科教学之中 [J]. 人民教育，1990（9）：18-21.

特点，有机地进行思想道德教育。环境、健康、国防、安全等教育也应渗透在相应课程中进行"。学科德育的内容、目标逐渐明确。

随着学科德育内容和目标逐渐明确，全国各地对于学科德育的研究和实践也开始起步，学科德育研究逐步从粗放走向精细，学科德育实践也逐步从零散走向系统。

第二节　学科德育的政策依据

随着研究与实践的不断深入，特别是在"三全育人"理念的指引下，越来越多的政策文件为实施学科德育提供了方向和依据。

2012年11月8日，中国共产党第十八次全国代表大会（以下简称十八大）在北京召开，十八大报告首次提出"把立德树人作为教育的根本任务，培养德智体美全面发展的社会主义建设者和接班人"，明确了教育的根本任务和培养目标。落实立德树人根本任务成为今后教育改革发展的重点。为了落实十八大战略部署，2014年，《教育部关于全面深化课程改革落实立德树人根本任务的意见》（教基二〔2014〕4号）提出，"立德树人是发展中国特色社会主义教育事业的核心所在，是培养德智体美全面发展的社会主义建设者和接班人的本质要求"；"坚持系统设计，整体规划育人各个环节的改革，整合利用各种资源，统筹协调各方力量，实现全科育人、全程育人、全员育人"；"进一步明确各学段各自教育功能定位，理顺各学段的育人目标，使其依次递进、有序过渡。要避免有的学科客观存在的一些内容脱节、交叉、错位的现象，充分体现教育规律和人才培养规律"；"统筹各学科，特别是德育、语文、历史、体育、艺术等学科。充分发挥人文学科的独特育人优势，进一步提升数学、科学、技术等课程的育人价值。同时加强学科间的相互配合，发挥综合育人功能，不断提高学生综合运用知识解决实际问题的能力"。这份文件明确了"三全育人"，以及各学科在落实"立德树人"根本任务中的育人功能，为实施学科德育提供了方向和依据。

2017年8月17日，教育部发布了《中小学德育工作指南》，提出"充分发挥课堂教学的主渠道作用，将中小学德育内容细化落实到各学科课程的教学目标之中，融入渗透到教育教学全过程……要根据不同年级和不同课程特点，充分挖掘各门课程蕴含的德育资源，将德育内容有机融入到各门课程教学中"。并在通知中明确：《中小学德育工作指南》是指导中小学德育工作的规范性文件，适用于所有普通中小学。同年12月，教育部基础教育司推出了《中小学德育工作指南实施手册》，为中小学德育工作提供了明确的目标和细化的指导。这两份文件为学科德育的具体实施提供了指导思想、基本原则、德育目标和德育内容，"学科德育"进入"具体落地"的阶段。

　　近年来，中共中央、国务院、教育部多项政策文件中多次提及"学科德育"，从不同角度对学科德育的实施、立德树人根本任务的落实给予指导，详细内容可见表1-1。

表1-1　政策文件中涉及学科德育的内容

时间	文件	涉及学科德育的内容
2019年2月	中共中央、国务院《中国教育现代化2035》	推进教育现代化的指导思想：将服务中华民族伟大复兴作为教育的重要使命，坚持教育为人民服务、为中国共产党治国理政服务、为巩固和发展中国特色社会主义制度服务、为改革开放和社会主义现代化建设服务，优先发展教育，大力推进教育理念、体系、制度、内容、方法、治理现代化，着力提高教育质量，促进教育公平，优化教育结构，为决胜全面建成小康社会、实现新时代中国特色社会主义发展的奋斗目标提供有力支撑。 推进教育现代化的八大基本理念：更加注重以德为先，更加注重全面发展，更加注重面向人人，更加注重终身学习，更加注重因材施教，更加注重知行合一，更加注重融合发展，更加注重共建共享。 推进教育现代化的基本原则：坚持党的领导、坚持中国特色、坚持优先发展、坚持服务人民、坚持改革创新、坚持依法治教、坚持统筹推进。
2019年6月	中共中央、国务院《关于深化教育教学改革全面提高义务教育质量的意见》	突出德育实效。完善德育工作体系，认真制定德育工作实施方案，深化课程育人、文化育人、活动育人、实践育人、管理育人、协同育人。大力开展理想信念、社会主义核心价值观、中华优秀传统文化、生态文明和心理健康教育。加强爱国主义、集体主义、社会主义教育，引导少年儿童听党话、跟党走。加强品德修养教育，强化学生良好行为习惯和法治意识养成。打造中小学生社会实践大课堂，充分发挥爱国主义、优秀传统文化等教育基地和各类公共文化设施与自然资源的重要育人作用，向学生免费或优惠开放。广泛开展先进典型、英雄模范学习宣传活动，积极创建文明校园。健全创作激励与宣传推介机制，提供寓教于乐的优秀儿童文化精品；强化对网络游戏、微视频等的价值引领与管控，创造绿色健康网上空间。突出政治启蒙和价值观塑造，充分发挥共青团、少先队组织育人作用。
2019年8月	中共中央办公厅、国务院办公厅《关于深化新时代学校思想政治理论课改革创新的若干意见》	基本原则：一是坚持党对思政课建设的全面领导，把加强和改进思政课建设摆在突出位置。二是坚持思政课建设与党的创新理论武装同步推进，全面推动习近平新时代中国特色社会主义思想进教材进课堂进学生头脑，把社会主义核心价值观贯穿国民教育全过程。三是坚持守正和创新相统一，落实新时代思政课改革创新要求，不断增强思政课的思想性、理论性和亲和力、针对性。四是坚持思政课在课程体系中的政治引领和价值引领作用，统筹大中小学思政课一体化建设，推动各类课程与思政课建设形成协同效应。五是坚持培养高素质专业化思政课教师队伍，积极为这支队伍成长发展搭建平台、创造条件。六是坚持问题导向和目标导向相结合，注重推动思政课建设内涵式发展，全面提升学生思想政治理论素养，实现知、情、意、行的统一。

时间	文件	涉及学科德育的内容
2021 年 2 月	教育部《中华优秀传统文化进中小学课程教材指南》	坚持正确价值导向，强化经典意识。遵循辩证唯物主义和历史唯物主义，秉持客观、科学、礼敬的态度，对传统文化取其精华、去其糟粕，有鉴别地加以对待、有扬弃地予以继承，突出传统文化素材的经典性。结合时代要求，衔接古今，赋予中华优秀传统文化新的时代内涵和现代表达形式，促进创造性转化和创新性发展，使其成为涵养社会主义核心价值观的重要源泉。 遵循学生认知规律，贴近学生实际。充分考虑学生随着年龄增长由浅入深、从感性到理性的认知发展特点，努力贴近学生生活、学习、思想实际，确定不同学段的教育目标以及具体学习内容、载体形式，区分层次、突出重点，体现学习进阶，内容和形式适宜，容量适中。 结合学科特点，注重有机融入。基于中华优秀传统文化与学科的内在联系，结合学科具体主题、单元、模块等，融入相应的中华优秀传统文化内容和载体形式。 坚持整体设计，科学合理布局。贯通中小学各学段，使核心思想理念、中华人文精神、中华传统美德等贯穿教育过程始终。统筹各学科，确保中华优秀传统文化内容全覆盖，形成纵向有机衔接、横向协同配合的格局。
2021 年 2 月	教育部《革命传统进中小学课程教材指南》	以道德与法治（思想政治）、语文、历史三科为主，艺术（音乐、美术等）学科有重点地纳入，其他学科有机渗透，"3+1+N"全科覆盖。 道德与法治（思想政治）是落实革命传统教育的核心课程，要全面反映革命传统主要内容，注意对思想内涵的深刻解读，突出提高思想认识、政治觉悟，坚定理想信念，树立正确的世界观、人生观和价值观，促进政治认同；同时引导学生弘扬革命精神，培养高尚品德。 语文是落实革命传统教育的重要课程，在传承和弘扬革命文化中发挥重要作用。语文学科注重以文化人，引导学生深刻体会革命精神、深入感受爱国主义精神，体认英雄模范的高尚品质，陶冶性情、坚定志向，树立正确的世界观、人生观和价值观。 历史是革命传统教育的主要载体，在党史、新中国史、改革开放史和社会主义发展史教育方面具有不可替代的作用。……讲清楚中国共产党诞生是历史发展的必然，注重通过整体叙述与背景叙述，使学生系统认识中国共产党领导人民为民族解放和社会主义事业英勇奋斗的历程，从中汲取强大精神力量，培养高尚品德，形成优良作风，增强"四个自信"，树立正确的世界观、人生观、价值观。 艺术是落实革命传统教育的重要载体，在净化学生心灵、陶冶情操、提升人生境界中发挥着重要作用。艺术学科要注重选取经典性作品，以寓教于乐、潜移默化的方式，增强教育的感染力和实效性，培养学生深厚的爱党爱国情感，做有骨气、有品位、有修养的中国人。 数学、地理、物理、化学、生物学、体育与健康等是革命传统教育的载体，也要结合学科特点，选择有关学科领域专家、模范人物的事迹、成果等，引导学生体会他们为国争光、服务人民的精神追求，厚植爱国主义情怀。

续表

时间	文件	涉及学科德育的内容
2022 年 4 月	教育部《义务教育课程方案（2022 年版）》	认真学习领会习近平总书记关于教育的重要论述，全面落实有理想、有本领、有担当的时代新人培养要求，确立课程修订的根本遵循。准确理解和把握党中央、国务院关于教育改革的各项要求，全面落实习近平新时代中国特色社会主义思想，将社会主义先进文化、革命文化、中华优秀传统文化、国家安全、生命安全与健康等重大主题教育有机融入课程，增强课程思想性。

第三节　编写《学科德育指导手册（小学）》的必要性

自党的十八大将立德树人作为教育的根本任务以来，全社会更加重视德育工作，但是如何加强学科德育工作，提高学科德育的实效性、针对性、系统性，还需要扎实的研究和不断的实践。《手册》将基于学科德育研究和实践的成果，为广大小学教师开展学科德育提供具体策略、方法的指导和案例示范，以推动学科德育的实施。

一、提高新时代德育工作实效的需要

推进学科德育是落实立德树人根本任务、用新时代中国特色社会主义思想铸魂育人的必然要求，是提高德育实效性的需要。课堂教学是育人的主渠道，实施学科德育，根据不同年级和不同课程特点，充分挖掘各门课程蕴含的德育资源，将德育内容有机融入到各门课程教学中，将极大地提高德育的实效性。《手册》将在挖掘德育要素、把德育内容有机融入学科教学等方面提供具体指导，帮助教师在日常教学中有效实施学科德育，提高新时代德育工作的实效性。

二、推进学科德育工作的需要

2011 年，《北京市中小学德育纲要（讨论稿）》提出：学科教学是向学生进行道德教育最经常的途径，对培养学生良好的道德素质具有重要作用。教师要在全部教学活动中，注意培养学生良好的学习态度、学习习惯和良好的道德、心理品格，促使学生养成文明行为习惯。要根据各科课程标准中关于思想品德教育和思想政治教育的要求和教材中的教育因素，按照各科自身的教学特点，结合学生实际，自觉地、有机地在课堂教学中渗透道德教

育。各学科的教材、课程标准和教学评估标准要坚持正确的思想导向；教学主管部门和教研人员要深入教学领域，指导教学工作同德育有机结合。

海淀区历来重视学科德育工作。2017年，在区教育工委、区教委的领导下，海淀区在全国率先启动了"绿色成长"学科德育项目。通过扎实的研究与实践，海淀区学科德育经历了从教学与德育生硬拼接到自然融合，从散点育人到系统架构的蜕变过程，不断提升教师育人能力和学科育人质量，努力将"立德树人"的根本任务落到实处。《手册》的研制正是将项目研究成果进行荟萃，并转化为可指导小学教师课堂教学实践的策略和方法，以推进学科德育工作的发展。

三、破解学科德育难题的需要

在党和国家的政策引领下，在各级教育部门的持续推进下，学科德育的研究与实践越来越得到重视，但在当前阶段，学科德育的发展仍然存在一些需要解决的问题。

一是对学科德育的认识和研究不足。一方面，受应试教育的影响，学校教育、家庭教育都比较重视智育，而对德育尤其是学生的人格培养、价值观培育不够重视。学科教学长期以知识技能的传授为中心，追求教学的工具价值，忽视课程本身固有的道德价值，疏于学科思想的启迪和人文素养的培育，减弱了创新能力的生成，忽视了精神支柱的力量。对北京市某区300位中小学一线教师的问卷调查显示，38.34%的教师在日常教学中只是在教学某一环节渗透德育内容。另一方面，学科德育实践的时间不长，研究还不深入，评价还不成熟，可用于学科德育的教育理论、教育方法和教育资源还比较欠缺，因此教师学科德育实践水平有限。有研究者对北京市70名小学英语教师进行调研，结果显示74%的教师不了解教学中应融入哪些德育内容，80%的教师认为在教学中融入德育内容会增加负担。[1]

二是学科德育的目标与方法缺失，组织实施的方法单一，落实效果欠佳。现代德育的困境是"知性德育"与实际境遇脱节。实际教学时把道德"当作知识来教"（知识德育）、把道德"当作思维方式来训练"（思维德育），将德育与教学割裂、内容与形式割裂、认知与情感割裂、知德与行德割裂、德育与生活割裂，学科教学变成了一个与个人品德修养没有什么关系的"学术学科"。在课堂上，教师虽然有学科德育意识，但是缺乏有效的德育方法及手段，无法真正实现学科育人的目的。对北京市某区300位中小学一线教师的问卷调查显示，67.48%的教师认为学科德育可以作为知识技能和思维方式来教授。

[1] 王静.小学英语教学中德育渗透研究[D].北京：北京交通大学，2017：22-23.

第二章
学科德育的基本理念

　　明确学科德育的基本理念是有效开展学科德育工作的基本前提。什么是学科德育？学科与德育有什么关系？学科德育与核心素养、课改教改有什么关系？学科德育的目标、基本遵循和内容有哪些？要解决这些问题，需要明确学科德育的基本内涵、基本范畴、内在规律和主要内容。

第一节　学科德育的基本内涵

　　理解学科德育的基本内涵，需要抓住德育和学科这两个关键要素。

　　德育。德育是教育者按照一定社会或阶级的要求，有目的、有计划、有组织地对受教育者施加系统的影响，把一定的社会思想和道德转化为个体的思想意识和道德品质的教育。[1] 西方教育理论将德育称为 "moral education"。狭义的德育是指思想品德 / 道德教育。德育是相对于智育、体育、美育、劳育来说的，经过多年的演进，德育概念已经转变为对影响和造就高素质人才的各种教育实践的总称。而学校德育是指教育工作者组织适合德育对象品德成长的价值环境，促进他们在道德认识、情感和实践能力等方面不断建构和提升的教育活动。简而言之，德育是促进个体道德自主建构的价值引导活动。[2] 2014 年，教育部印发的《教育部关于培育和践行社会主义核心价值观进一步加强中小学德育工作的意见》提出，"培育和践行社会主义核心价值观、加强中小学德育是推进中国特色社会主义事业的必然要求，是深化教育领域综合改革、促进学生健康成长的现实选择……切实把立德树人作为教育的根本任务……进一步增强中小学德育的时代性、规律性、实效性"。

　　学科（教学科目）。学科是依据教育目的、学校的任务、修业年限以及一定年龄阶段的学生的发展水平所组成的科学基础知识的体系。学科应包括公认的

---

[1]　中国大百科全书总编辑委员会 . 中国大百科全书（教育卷）[M].北京：中国大百科出版社，1985：221.

[2]　檀传宝 . 德育原理 [M].北京：北京师范大学出版社，2007.

科学概念、基本原理、基本结构，并能反映这门科学的最新研究成果。[1] 教育部制定的《义务教育课程方案（2022年版）》的科目设置中规定"国家课程设置道德与法治、语文、数学、外语（英语、日语、俄语）、历史、地理、科学、物理、化学、生物学、信息技术、体育与健康、艺术、劳动、综合实践活动等"。《普通高中课程方案（2017年版）》规定"普通高中开设语文、数学、外语、思想政治、历史、地理、物理、化学、生物学、技术（含信息技术和通用技术）、艺术（或音乐、美术）、体育与健康科目和综合实践活动等国家课程，以及校本课程"。

学科德育。学科德育是教师根据各学科特点、学段特点和学生发展需求，充分挖掘学科学习中的德育要素，将具体学科内容链接生活实际，形成具有挑战性的学习任务，学生通过多种形式的实践性学习，提升核心素养、实现知行合一的有意义的教与学的过程。学科德育的基本内涵可见图2-1。

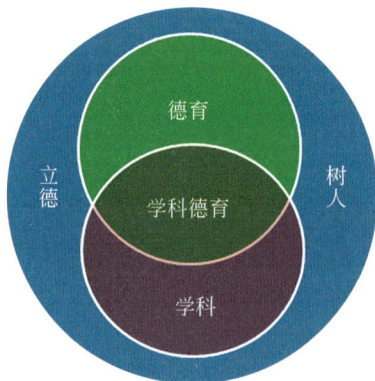

图 2-1　学科德育基本内涵

所有学科都蕴含着育人的价值。学科德育的实施主体是各学科教师，每位教师都应努力挖掘各学科蕴含的德育要素，以社会主义核心价值为引领，促进学生道德成长。

第二节　学科德育的基本范畴

教育工作者明确学科德育的目标，辨析好学科德育与核心素养、课改教改等的关系，可以更加自觉、有效地融合其他工作开展学科德育工作，提高教书育人的整体水平。

---

[1]　张焕庭.教育词典[M].南京：江苏教育出版社，1989：938-939.

一、学科德育目标与德育目标

2017 年教育部印发的《中小学德育工作指南》，既明确了中小学德育工作的总体目标，也将德育目标按学段加以细分。

（一）总体目标

培养学生爱党爱国爱人民，增强国家意识和社会责任意识，教育学生理解、认同和拥护国家政治制度，了解中华优秀传统文化和革命文化、社会主义先进文化，增强中国特色社会主义道路自信、理论自信、制度自信、文化自信，引导学生准确理解和把握社会主义核心价值观的深刻内涵和实践要求，养成良好政治素质、道德品质、法治意识和行为习惯，形成积极健康的人格和良好心理品质，促进学生核心素养提升和全面发展，为学生一生成长奠定坚实的思想基础。

（二）学段目标

小学低年级：教育和引导学生热爱中国共产党、热爱祖国、热爱人民，爱亲敬长、爱集体、爱家乡，初步了解生活中的自然、社会常识和有关祖国的知识，保护环境，爱惜资源，养成基本的文明行为习惯，形成自信向上、诚实勇敢、有责任心等良好品质。

小学中高年级：教育和引导学生热爱中国共产党、热爱祖国、热爱人民，了解家乡发展变化和国家历史常识，了解中华优秀传统文化和党的光荣革命传统，理解日常生活的道德规范和文明礼貌，初步形成规则意识和民主法治观念，养成良好生活和行为习惯，具备保护生态环境的意识，形成诚实守信、友爱宽容、自尊自律、乐观向上等良好品质。

从上述内容可以看出，德育目标在不同学段是循序渐进、螺旋上升的，学科德育的实施要遵循学生认知规律设计课程内容，体现不同学段特点。学科德育目标与德育目标的关系体现在以下三个方面。

1. 学科德育目标是德育目标在各学科的细化落实

学科教学是实现德育目标的主渠道，各学科需结合教学内容在本学段德育目标下制定学科德育目标，将德育目标细化落实，融入教育教学全过程。

2. 学科德育目标的实现为学生的道德发展提供理性基础和文化底蕴

各学科的教学过程是一种特殊形式的认知过程，学生通过各学科的学习掌握系统的科学文化知识，认识客观世界；教师采用参与式、启发式、讨论式和研究性学习等方式创新育人，积极落实各学科德育目标要求。学科德育目标的实现为学生的道德发展提供了理性基础和文化底蕴。

3. 每个学科德育目标的有效达成使得德育目标呈现一致性和连贯性

每位教师承担起德育责任，在每个学科的教学中，实现学科德育目标，以保持德育目标在各学科的一致性和各学段的连贯性。而学科知识逻辑成为达成德育目标的纽带和基石。

学科德育目标与德育目标都是将外在的、他律的道德转化为自律的道德，即内化为学生的道德意识、道德观念，培养学生良好的道德品质，塑造健康人格。

二、学科德育与核心素养

2014 年 3 月，"核心素养"首次出现在《教育部关于全面深化课程改革 落实立德树人根本任务的意见》中，"学生发展核心素养"的内涵被界定为"学生应具备的适应终身发展和社会发展需要的必备品格和关键能力"。"核心素养"被置于深化课程改革、落实立德树人根本任务的首要位置，成为研制学业质量标准、修订课程方案和课程标准的重要依据。2016 年 9 月，《中国学生发展核心素养》研究成果发布，将中国学生发展核心素养分为文化基础、自主发展、社会参与 3 个大方面，凝练出人文底蕴、科学精神、学会学习、健康生活、责任担当、实践创新 6 大素养，具体细化为国家认同等 18 个基本要点（详见表 2-1）。中国教育进入核心素养的时代。

表 2-1　学科德育与核心素养的联系

三大方面	核心素养	基本要点	重点描述	学科德育范畴
文化基础	人文底蕴	人文积淀	具有古今中外人文领域基本知识和成果的积累；能理解和掌握人文思想中所蕴含的认识方法和实践方法等。	理想信念、社会主义核心价值观、中华优秀传统文化、生态文明、心理健康……
		人文情怀	具有以人为本的意识，尊重、维护人的尊严和价值；能关切人的生存、发展和幸福等。	
		审美情趣	具有艺术知识、技能与方法的积累；能理解和尊重文化艺术的多样性，具有发现、感知、欣赏、评价美的意识和基本能力；具有健康的审美价值取向；具有艺术表达和创意表现的兴趣和意识，能在生活中拓展和升华美等。	
	科学精神	理性思维	崇尚真知，能理解和掌握基本的科学原理和方法；尊重事实和证据，有实证意识和严谨的求知态度；逻辑清晰，能运用科学的思维方式认识事物、解决问题、指导行为等。	
		批判质疑	具有问题意识；能独立思考、独立判断；思维缜密，能多角度、辩证地分析问题，做出选择和决定等。	
		勇于探究	具有好奇心和想象力；能不畏困难，有坚持不懈的探索精神；能大胆尝试，积极寻求有效的问题解决方法等。	

续表

三大方面	核心素养	基本要点	重点描述	学科德育范畴
自主发展	学会学习	乐学善学	能正确认识和理解学习的价值，具有积极的学习态度和浓厚的学习兴趣；能养成良好的学习习惯，掌握适合自身的学习方法；能自主学习，具有终身学习的意识和能力等。	理想信念、社会主义核心价值观、中华优秀传统文化、生态文明、心理健康……
		勤于反思	具有对自己的学习状态进行审视的意识和习惯，善于总结经验；能够根据不同情境和自身实际，选择或调整学习策略和方法等。	
		信息意识	能自觉、有效地获取、评估、鉴别、使用信息；具有数字化生存能力，主动适应"互联网＋"等社会信息化发展趋势；具有网络伦理道德与信息安全意识等。	
	健康生活	珍爱生命	理解生命意义和人生价值；具有安全意识与自我保护能力；掌握适合自身的运动方法和技能，养成健康文明的行为习惯和生活方式等。	
		健全人格	具有积极的心理品质，自信自爱，坚韧乐观；有自制力，能调节和管理自己的情绪，具有抗挫折能力等。	
		自我管理	能正确认识与评估自我；依据自身个性和潜质选择适合的发展方向；合理分配和使用时间与精力；具有达成目标的持续行动力等。	
社会参与	责任担当	社会责任	自尊自律，文明礼貌，诚信友善，宽和待人，孝亲敬长，有感恩之心；热心公益和志愿服务，敬业奉献，具有团队意识和互助精神；能主动作为，履职尽责，对自我和他人负责；能明辨是非，具有规则与法治意识，积极履行公民义务，理性行使公民权利；崇尚自由平等，能维护社会公平正义；热爱并尊重自然，具有绿色生活方式和可持续发展理念及行动等。	
		国家认同	具有国家意识，了解国情历史，认同国民身份，能自觉捍卫国家主权、尊严和利益；具有文化自信，尊重中华民族的优秀文明成果，能传播弘扬中华优秀传统文化和社会主义先进文化；了解中国共产党的历史和光荣传统，具有热爱党、拥护党的意识和行动；理解、接受并自觉践行社会主义核心价值观，具有中国特色社会主义共同理想，有为实现中华民族伟大复兴中国梦而不懈奋斗的信念和行动。	
		国际理解	具有全球意识和开放的心态，了解人类文明进程和世界发展动态；能尊重世界多元文化的多样性和差异性，积极参与跨文化交流；关注人类面临的全球性挑战，理解人类命运共同体的内涵与价值等。	
	实践创新	劳动意识	尊重劳动，具有积极的劳动态度和良好的劳动习惯；具有动手操作能力，掌握一定的劳动技能；在主动参加的家务劳动、生产劳动、公益活动和社会实践中，具有改进和创新劳动方式、提高劳动效率的意识；具有通过诚实合法劳动创造成功生活的意识和行动等。	
		问题解决	善于发现和提出问题，有解决问题的兴趣和热情；能依据特定情境和具体条件，选择制订合理的解决方案；具有在复杂环境中行动的能力等。	
		技术应用	理解技术与人类文明的有机联系，具有学习掌握技术的兴趣和意愿；具有工程思维，能将创意和方案转化为有形物品或对已有物品进行改进与优化等。	

中国学生发展核心素养是未来公民的必要素养，是基础教育的重要内容，是一个兼具个人价值和社会价值、具有发展连续性和阶段性的完整体系。"中国学生发展核心素养是党的教育方针的具体化、细化。为建立核心素养与课程教学的内在联系，充分挖掘各学科课程教学对全面贯彻党的教育方针、落实立德树人根本任务、发展素质教育的独特育人价值，各学科基于学科本质凝练了本学科的核心素养，明确了学生学习该学科课程后应达成的正确价值观念、必备品格和关键能力，对知识与技能、过程与方法、情感态度价值观三维目标进行了整合。"[1]

各学科核心素养体现了学科特质，反映了各个学科的育人价值和育人优势。学科德育通过让学生经历有意义的教与学过程，使得学科核心素养得以落地。

三、学科德育与学科教学

学科课程内存德育价值和科学价值，学科课程是德育的必要基础，德育价值是学科课程的灵魂。

学科课程内存德育价值。知识本身就是人类的理性认识，学生不仅能够从学科课程中掌握科学知识与技能，更能在潜移默化之中养成严谨严密、客观求真、团结合作的精神气质。学科教学在教给学生科学知识技能的同时，也成为培养学生美德的重要途径。学科教学本身蕴含着德育内容，学科与德育密不可分。作为知识传递过程的教学和形成善的意志的道德教育是统一的；教学如果没有进行道德的教育，只是一种没有目的的手段。道德教育如果没有教学，则是一种失去了手段的目的。

学科教学是道德判断和道德行为的必要基础。系统的学科学习为德育打下必要的基础。学科课程是从各门科学领域中选择部分内容、分门别类组织起来的课程体系，本身就具有科学性、思辨性和教育性，学科中的逻辑分析、思维能力、研究方法、推理品质等学科核心素养要素与学科德育目标是完全融合统一的，因此学科教学成为学科德育的必要基础。其中，专门的德育课程是专门的系统化的德育，而学科德育是间接的融合式的德育，两者都是为了达成共同的德育目标。

防止教学与道德分离的二元思维和教学实践中的德育形式主义现象。以往，学科教学长期以知识技能的传授为中心，追求教学的工具价值，忽视课程本身固有的道德价值，疏于学科思想的启迪和人文素养的培养，容易导致"德育无关化"。新课程改革促使课程回归人的生活世界，尊重人全方位的主体地位，重视课程与教学的育人价值，但把握好学科教学与德育相辅相成的关系，还要防止生拉硬套，防止在学科课程教学中生硬植入德育内

---

[1] 中华人民共和国教育部 . 普通高中语文课程标准（2017 年版）[S]. 北京：人民教育出版社，2018：4.

容。在强化学科德育进程中，要高度警惕德育过载和教书育人割裂的现象。

四、学科德育与教改课改

所谓教改，有广义和狭义之分。广义上，教改是指教育改革，包括一个国家教育制度等方面的改革；狭义上，教改是指学校的教学改革，包括教学方法、教学手段、教学模式等方面的改革。加强学科德育是教育改革提倡的一个重要方向，是学校教学改革的重要内容。

2001年起，中共中央、国务院、教育部颁发了《基础教育课程改革纲要（试行）》等一系列政策文件，开启了新一轮基础教育课程改革。内容涉及课程改革目标、课程结构、课程标准、教学过程、教材开发与管理、课程评价、课程管理、教师的培养和培训、课程改革的组织与实施等方面，新课改促使学科德育价值回归。前述的系列课改文件中明确了学科教学要注重落实立德树人的根本任务，不断加强学科的育人功能。

第三节　学科德育的内在规律

学科德育实践需要遵循其内在的基本规律和外在要求，这些原则和规律贯穿和指导着学科德育的具体实践。

一、解决三对基本矛盾

一是"社会主义核心价值观"与"社会多元价值观"之间的矛盾。改革开放以来，由于价值主体、价值标准、价值取向等越来越多元化，自然就会出现多元价值观对主流核心价值观的冲击。社会主义核心价值观是大德，学科德育须坚持社会主义核心价值观作为统领。二是学科教学本身的逻辑性与学科德育的融入之间的矛盾。学科知识体系是逻辑连贯的，是可以量化评估的。而德育目标是点状的、隐性的，效果展现在心理和行为层次，是难以量化评估的。学科德育须遵循学科教学的逻辑性，自然融入学科教学全过程之中。三是学科德育要求高与教师教学能力相对不足的矛盾。教学能力不足包括教师学科德育能力和教学资源不足。学科德育成为新时代对每位教师提出的新要求，而教师现有的教学理念、教学能力和教学资源还难以满足学科德育的高要求。因此，提升教师育德能力是学科德育的着力点。

二、遵循三项基本原则

一是坚持社会主义核心价值观引领：以社会主义核心价值观为引领，充分发挥学科的育人功能，实现学科教学与社会主义核心价值观教育的有机融合。二是坚持核心素养培育导向：以学生发展核心素养和学科核心素养为导向，在学科教学中有效落实学科育人目标，实现价值观念、必备品格和关键能力的培养。三是坚持学科教学"明线"和德育"暗线"的有机交融：在学科德育实施过程中，以学科知识、学科技能、学科思维等学科内容为显性目标，以德育范畴在学科教学中的落实为隐性目标，找准二者的结合点，在教学过程中，潜移默化地进行学科德育，实现"无痕"和有效的学科德育。外在刻意的育人模式是学科德育的大忌。

三、把握三个基本功能

立德树人，培养社会主义建设者和接班人，是学科德育最重要的功能，体现在三个方面。第一，学科德育具有个体生长功能。通过学习活动引导学生领会、体验人生的幸福、崇高和人格尊严，自觉地控制自身的欲望、有效地调节自己的情绪、理智地选择自己的行为。第二，学科德育具有公民教育功能。学科德育的正义功能主要体现在培养合格的社会公民，即公民享有基本权利，并承担相应的义务。第三，学科德育具有社会发展功能。学科德育贯彻落实党和国家教育方针政策，培养合格的建设者和接班人，推动社会发展和民族复兴；培养学生良好的社会公德和道德人格，形成健康向上的社会风气，促进社会经济、社会文化的良性发展。

四、树立三个基本理念

一是把握学科本质，体现学科思想与方法。一节好的学科德育课首先是一节好课，要依据学科课程标准，把握学科本质，深入理解学科知识、思想及方法，围绕学科育人目标，整体改进课堂教学设计与"教—学—评"的模式。二是遵循"教学具有教育性"的规律。德育价值的程度、指向性固然不同，但它是各学科教学任务所固有的，挖掘学科自身蕴含的德育价值，将共性的德育范畴与学科独特的德育要素有机结合，将教学的教育性贯穿于教学过程始终，体现在教学结构的各个方面，体现学科教学本身的育人价值。三是教学与德育相融共生。学科德育不是简单的"学科＋德育"，不是在学科教学之外附加一个德育的任务，不是贴标签，而是结合学科教学内容和学生实际，通过具体的学习活动将二者有机融合在一起，真正实现教书与育人相统一。

第四节　学科德育的主要内容

《中小学德育工作指南》列出了学校德育工作五个方面的内容，涵盖了理想信念和价值观、基本道德品质和公民道德、基本文明习惯和行为规范等层次。

一、理想信念教育

开展马列主义、毛泽东思想学习教育，加强中国特色社会主义理论体系学习教育，引导学生深入学习习近平总书记系列重要讲话精神，领会党中央治国理政新理念新思想新战略。加强中国历史特别是近现代史教育、革命文化教育、中国特色社会主义宣传教育、中国梦主题宣传教育、时事政策教育，引导学生深入了解中国革命史、中国共产党史、改革开放史和社会主义发展史，继承革命传统，传承红色基因，深刻领会实现中华民族伟大复兴是中华民族近代以来最伟大的梦想，培养学生对党的政治认同、情感认同、价值认同，不断树立为共产主义远大理想和中国特色社会主义共同理想而奋斗的信念和信心。

二、社会主义核心价值观教育

把社会主义核心价值观融入国民教育全过程，落实到中小学教育教学和管理服务各环节，深入开展爱国主义教育、国情教育、国家安全教育、民族团结教育、法治教育、诚信教育、文明礼仪教育等，引导学生牢牢把握富强、民主、文明、和谐作为国家层面的价值目标，深刻理解自由、平等、公正、法治作为社会层面的价值取向，自觉遵守爱国、敬业、诚信、友善作为公民层面的价值准则，将社会主义核心价值观内化于心、外化于行。

三、中华优秀传统文化教育

开展家国情怀教育、社会关爱教育和人格修养教育，传承发展中华优秀传统文化，大力弘扬核心思想理念、中华传统美德、中华人文精神，引导学生了解中华优秀传统文化的历史渊源、发展脉络、精神内涵，增强文化自觉和文化自信。

四、生态文明教育

加强节约教育和环境保护教育，开展大气、土地、水、粮食等资源的基本国情教育，帮助学生了解祖国的大好河山和地理地貌，开展节粮节水节电教育活动，推动实行垃圾分类，倡导绿色消费，引导学生树立尊重自然、顺应自然、保护自然的发展理念，养成勤俭节约、低碳环保、自觉劳动的生活习惯，形成健康文明的生活方式。

五、心理健康教育

开展认识自我、尊重生命、学会学习、人际交往、情绪调适、升学择业、人生规划以及适应社会生活等方面的教育，引导学生增强调控心理、自主自助、应对挫折、适应环境的能力，培养学生健全的人格、积极的心态和良好的个性心理品质。

以上五大方面的内容具有统摄性，各学科可结合教学内容找到与五方面内容的契合点，通过学科教学予以落实。此外，各学科还具有学科特色的育人要素，例如数学、科学、物理、化学、生物学科对学生科学精神、科学方法、科学态度、科学探究能力和逻辑思维能力的培养；外语课对学生国际视野、国际理解和综合人文素养的培养等。因此，学科德育的内容应当是"5+X"，即理想信念教育、社会主义核心价值观教育、中华优秀传统文化教育、生态文明教育、心理健康教育 5 个方面和 X 个学科特色的德育内容。

第三章
学科德育的策略和方法

学科德育融科学理念和创造性实践于一体。科学理念只有转化为可操作的策略与方法，才能在实践中产生效果。提供比较系统的实践策略与方法是编写《手册》的重要内容。

第一节 学科德育的主要策略

策略是从理论走向实践的路径和方法。学科德育突出学生主体地位，具体策略如下。

一、意义化策略

意义化策略是指引导学生从课程学习和实践中明晰知识的价值与意义，找到有价值的方向，自主做出有意义的选择。教师引导学生理解和把握知识背后隐含的学科思想、学科方法及实践价值，从而达到理解知识、理解他人、了解自我、感悟世界、感悟生命、感悟人生的情感目标和价值观目标，将知识上升到人的德行、精神世界与价值观的建构上。

二、情境化策略

良好的教学情境可以使知识形象化、具体化、生活化，提升认知的探究性、学科性、情感性和趣味性。情境化策略就是创设真实的教学情境，通过真问题、真场景或者真活动，引发学生认知和情感冲突，让其体验判断、选择、评价和行动等过程，引导学生实现道德的自主建构。情境化策略的基本程序是：设计挑战性任务或问题—提供促进学生理解与行动的学习工具和支架—培养学生价值观念、必备品格和关键能力。

三、深度化策略

所谓深度，就是触及事物内部和本质的程度。深度化策略是指教师把握学科本质，深入发掘学科课程的思想内涵，用学科特有的精神和文化去涵养学生的道德品质，用学科本身的魅力和美感去激发学生的学习动力，用一语道破、点石成金的方式帮助学生解决困惑，提升道德认知，完善道德行为。在教师的引领下，学生围绕着有挑战性的学习任务，全身心投入课堂实践，在体验中获得感悟，将知识转化为素养。

四、多路径协同策略

多路径协同策略是指兼顾教学的各个要素，从教学内容、教学方式与方法、教学过程、教学空间（课堂内外）等不同角度，形成多样路径，全面实施学科德育。教学内容、教学的方式与方法、课外活动中落实的学科德育更多地体现为教师主动挖掘德育资源、预设德育内容。教学过程中的学科德育不仅包括对上述预设内容的落实，而且表现为教师运用教育智慧对教学过程中出现的现象、问题等进行判断与回应。教学过程中的德育往往面对真实的道德冲突，对学生成长的意义重大。从不同角度、多路径实施学科德育体现了全过程育人，有利于提高学科育人的整体水平。

第二节　学科德育的基本方法

抓住学科德育的本质，着眼各个教学要素，兼顾各个教学环节，力求在学科教学中实现多个目标的融合式达成，以下方法可供选择和参考。

一、挖掘学科学习中的德育要素，找准链接的关键内容

各学科中蕴含着丰富的德育要素，应充分挖掘、精准把握。《中小学德育工作指南》指出，语文、历史、地理等课要利用课程中语言文字、传统文化、历史地理常识等丰富的思想道德教育因素，潜移默化地对学生进行世界观、人生观和价值观的引导；数学、科学、物理、化学、生物等课要加强对学生科学精神、科学方法、科学态度、科学探究能力和逻辑思维能力的培养，促进学生树立勇于创新、求真求实的思想品质；音乐、体育、美术、艺术等课要加强对学生审美情趣、健康体魄、意志品质、人文素养和生活方式的培养；外语课要加强对学生国际视野、国际理解和综合人文素养的培养；综合实践活动课要加强对学生生活技能、劳动习惯、动手实践和合作交流能力的培养。

教师在教学中，一方面依据课程标准，分析本学科对学生发展的独特价值，挖掘教学

内容的思想内涵；另一方面进行学情分析，包括学生的年龄特点，以及道德发展的基础、需求和难点。教师结合教学内容分析和学情分析，充分挖掘学科学习中的德育要素，找准链接的关键内容，设计学习活动。

二、将教学内容与学生学习、生活实际相结合，创设真实的学习情境

真实的学习情境既是教学的起点，又贯穿于学习全过程，能够促成学生进行有意义、有深度的学习，将学科知识、学科技能、学科思维与真实的学习情境相结合，将德育目标与真实的学习情境相融合。教师创设学生可参与或可感受的真实情境，引导学生在情境中学习，在学习中思考，在思考中进行价值判断，帮助学生树立正确的价值观念。

"情境"在各学科"课程标准"中都有明确的表述，根据学科特性的不同，基于学科教学实施和学习评价的实际情况，不同学科的"课程标准"对"情境"进行了不同的分类。对这些分类进行梳理，寻找其共性特征，可以把"情境"划分为"生活情境"和"学科情境"两大类。"生活情境"包括个人生活、家庭生活、社区生活乃至更广阔的社会生活；"学科情境"包括学科语境下的学习体验、学术探究、跨学科学习实践等。两类情境都可以促进学生真实而有深度的学习。

真实的学习情境是与教学过程、学习过程相统一的问题情境、任务情境、活动情境等，而不只是单纯的"情境导入"。整个学习过程应围绕着真实的学习情境发生、发展。教师在发现或创设真实的学习情境的过程中，除了考虑学科本身的逻辑外，还要考虑情境的育人价值。好的学习情境的创设，能够使学生在学习过程中受到潜移默化的影响，在面对真问题、完成真任务的过程中，获得真实体验，实现认识提升。因此，真实情境的创设，是学科德育的重要实施策略。

三、设计富有挑战性的学习任务，将知识应用到真实问题的解决中

挑战性的学习任务具有以下特征：①有可探究性，学生之前未解决过类似问题，能够激发学生学习潜能；②问题具有思辨性、挑战性和开放性，能引发认知冲突或价值冲突；③学习过程与结果不具有可直接预见性；④问题或任务可能引起学生焦虑，需要小组合作完成。

教师根据指向素养发展的学习目标，遵循"最近发展区"理论，设计有驱动性、挑战性的学习任务和问题，再根据任务设计相应的学习活动。学生在完成挑战性任务的过程中，将课堂所学迁移应用到真实问题的解决之中，体验精神成长，实现学科的育人价值。

四、找准评价的关键要素，在教学过程中进行持续性学习评价

　　评价是对学生学习目标（含德育目标）达成度的评估与反馈。评价的目的是帮助学习者明确学习目标，认清学习现状，掌握提升的方法，促进学生成长。持续性学习评价是为改进学生的学习，针对学生的学习活动向学生提供持续性反馈的过程。持续性学习评价嵌入在学习过程之中，既包括过程性评价，也包括终结性评价，需要随时了解目标的达成情况，随时监测与调控学习过程，随时进行反馈和指导。持续性学习评价的实现需要 3 个要素协同作用，即建立评价标准、提供反馈指导和促进反思改进。这样的评价具有 3 个特性：一是根据学习目标制订评价标准，设计评价方案，具有明确的指向性；二是反馈信息既包括学生已做到了什么，具有激励性，也包括后续的学习任务、目标，具有引领性；三是指导学生如何改进、如何进行下一阶段学习，具有指导性。

五、细心观察，捕捉教学中随机生成的德育契机

　　只有细心观察才可以充分了解学生，发现更为可贵的德育资源和德育契机，明确学生在道德发展中面临的问题，继而有针对性地进行德育工作。从对象上看，可以分别对学生整体和个人进行观察，这样既能关照学生中存在的共性问题，也可以关照个性问题；从内容上看，可以观察学生的动作、语言、神情、服装，也可以观察学生的作业、作品中的细节；从时机上看，可以关注课内与课外不同场域中存在的教育契机。

第四章
实施学科德育的专业保障

学科德育功在当代，利在千秋。实施学科德育的主体在教师，教师学科德育能力的提升一方面需要教师自身不断提升学科德育素养，另一方面需要学校和区域从教研层面提供强劲的专业支撑。

第一节　教师自主提升学科德育素养

寓德育于各科教学内容和教学过程之中，是每一个教师的职责。教师是学科教学的设计者，是开放包容、平等互助的学习氛围的创设者，是学科德育的探究者和实施者。因此，教师作为学习主导者和支持者，其德育价值需引起重视，教师的思想政治素质、道德修养以及学科德育专业素养需不断提升。

一、提高思想政治素质

2018 年 5 月 2 日，习近平总书记在北京大学师生座谈会上的讲话指出："教师思想政治状况具有很强的示范性。要坚持教育者先受教育，让教师更好担当起学生健康成长指导者和引路人的责任。"因此，教师要努力提高自身思想政治素质，深入学习领会习近平新时代中国特色社会主义思想，树立正确的历史观、民族观、国家观、文化观，坚定中国特色社会主义道路自信、理论自信、制度自信、文化自信，准确理解和把握社会主义核心价值观的深刻内涵，增强价值判断、选择、塑造能力，带头践行社会主义核心价值观。

二、涵养师德修养

"学高为师，身正为范。"教育者对于"道德"内涵与功能的认识和把握，潜在地决定了学科德育的实施效果。中小学生的可塑性很强，教师的道德修养和言行举止对他们的影响是巨大而深远的。《中学教师专业标准（试行）》和《小学教师专业标准（试行）》中规定的中小学教师个人修养与行为包括：富有爱心、责任心、耐心和细心；乐观向上、热情开朗、有亲和力；善于自我调节情绪，保持平和心态；勤于学习，不断进取；衣着整洁得体，语言规范健康，举止文明礼貌。教师要提高道德修养，做好行为示范，用人格魅力潜移默化影响学生。

三、精进专业能力

学科德育专业能力包括实施学科德育所需要的基础知识、基本教学能力和环境建设能力。

实施学科德育所需要的基础知识包括道德教育原理、课程与教学论知识、心理学知识、学科教学知识、学科德育策略与方法等。学科德育的基本教学能力包括教学设计、实施与评价能力。教师应树立正确的教育观、学生观，充分把握学科德育的本质与内涵，了解学科德育的最新发展趋势，掌握学科德育实施的策略与方法，不断提升育人能力。学科德育环境建设能力主要指构建学科德育软环境的能力。软环境不仅包括授课所需的教学资源，还包括全新的课堂关系以及民主、包容、和谐的师生关系与生生关系。例如，在课堂教学中，教师关心、关爱、尊重每一个学生，师生关系和谐，无形中对学生进行民主、平等、友善的价值观教育。

第二节　学校和区域通过研修课程提升教师学科德育能力

教师研修是提升教师学科德育能力的有效路径，学校和区域可以发挥不同作用。

首先，学校将学科德育融入教师研修课程，在必修、选修和校本研修课程中，全面融入学科德育研修内容。从以下几个方面开展工作：以社会主义核心价值观为引领，提升教师思想政治素质和德育能力；以中华优秀传统文化为载体，提升教师的文化底蕴；以德育理论学习为主体，提高教师的德育素养；以积极心理学为导引，提高教师心理健康水平及其对积极心理学的运用能力；以思维培训为引擎，提高教师的思维能力及对道德问题的解释力；以教材分析为核心，形成学科德育的目标体系；以课例研讨为媒介，提升本校学科德育的整体水平；以教研组为基本单位，集结学科德育的优势资源。

其次，区域发挥平台和资源优势，为教师专业发展助力。开设学科德育专题研修课程。例如，海淀区将学科德育的研究成果转化为教师研修课程，纳入海淀区"5+M+N"教师专业必修课的 M 课程中，采用专家讲座、研究课观摩、主题研讨等多样方式助力教师提升学科德育能力。通过学科德育优秀课例、优秀论文评比等方式激励教师反思，提炼优秀成果，进一步增强学科德育研究与实施的动力，促进专业成长。通过课例研讨等活动，发挥典型学校、典型学科和骨干教师等优质资源的辐射与带动作用，推动学科教师在共同体中不断成长，促进区域内学科教师德育素养的整体提升。

第三节　教研员引领教研共同体建设，提升教师学科德育能力

教研员发挥示范引领作用，打造一支在思想上有定力、人格上有魅力、学术上有功力、教研上有活力、实践上有能力的学科德育教研共同体。从以下两个方面付出努力。

第一，持续提升学科德育素养。教研员不断学习学科德育相关理论，把握有关政策文件的精神实质，立足学科，提高对学科德育相关问题的理解力、判断力和解释力是发挥教研优势的先决条件。教研员提升学科德育素养主要从 3 个方面着手：一是通过文献阅读和专题研讨等提高专业认识；二是通过课题研究和课例研究增强实践创新能力；三是通过教研反思和论文写作提高理论水平，固化研究成果。

第二，发挥教研的专业优势，加强教研共同体建设，转化研究成果。这方面的工作主要包含以下 5 个方面：一是协同区域内教师，聚焦学科德育关键问题，通过学科德育研讨等活动不断优化和迭代学科德育研修课程；二是运用典型课例，实现学科德育的理念与实践操作的深度融合；三是以评价，包括试题命制，引领教师学科德育的自觉，持续激发其积极性；四是组织教师梳理与提炼研究与实践成果，形成可共享的优质资源；五是发挥言传身教的示范作用，特别是在学科德育研修中以德育德，成为学科德育的积极推动力量。

第二部分

学　科

　　本部分内容聚焦小学代表性学科的德育范畴、实施建议和典型课例。每个学科均包含明确的"5+X"学科德育范畴。学科德育实施建议从课程标准、学科核心素养出发，分析本学科的育人价值，提出实施学科德育的策略和基本方法。学科德育典型课例包含教学设计、反思与改进、教研员点评等。

第五章

小学语文学科

依据《中小学德育工作指南》，在研读教材、开展案例研究及实践调研的基础上，确定小学语文学科德育范畴（详见表5-1）为"5+X"，其中"5"是指理想信念教育、社会主义核心价值观教育、中华优秀传统文化教育、生态文明教育、心理健康教育；"X"是指审美教育、文化视野教育。

表 5-1   小学语文学科德育范畴

德育范畴		内容阐释	示 例
5	理想信念教育	通过阅读，了解无产阶级革命家、英雄人物的生平事迹，学习革命烈士的优秀品质，敬仰民族英雄与革命先辈。继承革命传统，传承红色基因，开展革命文化教育，养成作为当代中国人的责任感和使命感。 在语言文字建构与运用的实践活动中培养对党的政治认同、情感认同、价值认同，不断树立为共产主义远大理想和中国特色社会主义共同理想奋斗的信念与信心。	人教版四年级上册《为中华之崛起而读书》：以字词分组的形式串联课文主要内容，落实"关注主要人物和事件，学习把握文章的主要内容"的单元语文要素；以文本事例叠加资料包组合丰富的学习资源，引发并聚焦核心问题，设计并指出学习活动的关键点，借助思维导图清晰地梳理出少年周恩来的成长经历与立志原因，直观感受到少年周恩来树立远大志向的心路历程；在还原情境、关联事件、对比志向中，感受周恩来的家国情怀与理想信念，感受他志向中折射出的"天下兴亡，匹夫有责"的责任担当，从而无声地激发学生树立为祖国的富强昌盛而努力读书的人生信念与远大理想，接受共产主义、社会主义理想信念教育。
	社会主义核心价值观教育	把社会主义核心价值观融入语文教育的全过程。把国家、社会、公民层面的价值准则融入语文教育活动中。 通过各种文本的阅读及多媒体阅读，了解家乡、祖国的变化，了解风土人情、名胜古迹、民族历史，培养学生爱家乡、爱祖国的情感；了解遵守法规的重要性；养成良好的学习生活习惯；培养尊敬长辈、刻苦学习、诚实待人等良好品质。	人教版二年级下册《雷锋叔叔，你在哪里》：围绕单元"关爱"主题，设计"认识雷锋""寻找雷锋""学习雷锋"三个学习活动，带领学生走近雷锋。落实单元语文要素"读句子，想象画面"，以核心问题驱动学习，在寻找雷锋的过程中，通过反复诵读、想象画面，运用结合字形、结合语境、近义词猜测的方法了解词语意思，让想象的画面更生动、具体，进而融入情境，获得真实的情感体验，感受到雷锋叔叔的关爱无处不在。由于"雷锋"这个人物形象离学生的生活比较遥远，可以先拓展阅读《雷锋日记》中的经典语句，了解他的心路历程，再聚焦身边的小事和社会实事，感受雷锋为人民服务的精神无处不在，引导学生在生活中去友善待人、关爱他人、为他人服务，逐步渗透"无私奉献"精神，落实单元人文主题。

续表

德育范畴		内容阐释	示　例
5	中华优秀传统文化教育	通过阅读优秀诗文、神话传说、寓言故事、格言成语等学习内容，涵养家国情怀，形成爱国情感，认同中华文化，对中华文化的生命力有坚定的信心，形成为实现中华民族伟大复兴的中国梦不懈努力的共同理想追求，积极争做有自信、懂自尊、能自强的中国人，树立民族自信、文化自信。	人教版六年级上册《京剧趣谈》：引导学生了解京剧、走近京剧，进而弘扬中华民族的优秀传统文化。首先，通过设计真实的任务驱动，让学生以"京剧文化宣讲员"的身份设计一份宣讲提纲，向低年级同学介绍一些京剧常识。借助真实情境与身份，学生展示出自己对京剧的了解，形成对京剧某一方面的结构化认知，这能拉近学生和京剧的情感，让学生间接了解、感受到京剧的魅力。其次，设计体验表演环节，以"我是演员"的方式激发学生的参与热情。学生默读课文批注后，借语言文字介绍想象马鞭在舞台上的使用，以及动静态亮相在舞台上的情形，随后进行体验性的互动表演，直接感受这一博大精深的艺术表演形式的魅力。最后，教师提供一组学生喜欢的含有京剧腔调的"抖音热曲"，结合课前学生调研单中有关京剧是否有传承价值等问题，形成相对的两组资料，引发学生的话题辩论。这样的教学引发了学生对京剧的探究热情和兴趣，展现出学生的独特思维，将中华优秀传统文化的教育悄无声息地浸润在学生心中，完成一次美好的中华优秀传统文化之旅。
	生态文明教育	通过相关文本的阅读，了解祖国大好河山，认识大自然，欣赏感受自然之美；了解、尊重自然的客观规律，敬畏自然，学会与自然和谐相处，树立尊重、顺应、保护自然的意识。	人教版六年级上册《只有一个地球》：以单元习作任务"完成倡议书"为学习任务，引发学生对生活环境、地球资源等内容的关注，让学生带着生活视角走进课堂；围绕"地球容易破碎"的主线，凸显单元语文要素，让学生联系生活实际，理解地球资源有限、无法移居、要精心保护地球；采用上牵下连、层层推进的方法学习，懂得人类的选择只有一个，那就是精心保护地球，保护地球的生态环境。结合社区、学校的主题实践活动，深化环境保护意识，补充倡议书的内容，宣传环境保护。
	心理健康教育	在语文教育中，通过文本中鲜活的人物、故事等内容引导学生正确认知自我，认识每一个生命的独特性，尊重生命，提升生命价值；学会学习与生活，提高自主管理和自我教育能力；形成健全的人格和良好的个性心理品质。	人教版二年级上册《玲玲的画》：开展"儿童生活趣味多"的单元学习活动，培养学生积极乐观的生活态度，在识字写字等基础性的学习活动中，结合生活体验和上下文，借助课文中的三个关键词语"得意、伤心、满意"和图画辅助学生讲述故事，理解生活就是这样，要学会调整变通，改变自己的做法，调整自己的心情；理解"只要肯动脑筋，坏事也能变成好事"的意思；理解"动脑筋"指的是要善于观察，积极想办法，调整自己的心情，调整自己的生活，让童年生活充满情趣；关联上一篇课文《曹冲称象》，理解动脑筋也能让生活充满智慧、充满快乐。

续表

德育范畴	内 容 阐 释	示 例
X 审美教育	在感受、理解、欣赏、评价语言及作品中，学会审美鉴赏与创造；受到美的熏陶，培养自觉的审美意识和高尚的审美情趣；学会发现美、欣赏美、创造美，培养审美鉴赏和审美创造的能力，具备健康的审美意识与正确的审美能力。	人教版三年级上册习作《这儿真美》：在"我是祖国山河小记者"的语文实践活动中引导学生走进文本，在阅读中欣赏祖国美丽的山河风光，从最南端的《富饶的西沙群岛》到北方的《美丽的小兴安岭》，从秀丽的江南风光《饮湖上初晴后雨》到奔放的南国热土《海滨小城》，在品读语言的字里行间，让华夏大地的无限风光尽收眼底，落实人文主题"热爱祖国大好河山"；同时，落实阅读方面语文要素"借助关键语句理解一段话的意思"，在阅读中欣赏祖国的大好河山，学习介绍祖国风光的方法。从阅读走向表达，从欣赏走向宣传，学习运用"围绕一个意思写"的方法，在习作中运用这样的方法来展示生活中的美好景物，语言美、思维美、景致美、情感美和写作要素一脉相承、融合推进。
文化视野教育	通过中外不同文本的阅读，在保有对国家和民族文化认同、增强民族文化自信和价值观自信的基础上，理解并尊重多元文化；扩大文化视野和胸怀，积极吸收优秀的外来文化，与不同文化共处，从多元文化中汲取营养，形成开放的文化心态，成为立足本土文化又具有国际视野的现代公民。	人教版四年级上册《普罗米修斯的故事》：在整体阅读的基础上，用思维导图呈现普罗米修斯的英雄行为表现在哪些方面，借助前面完成的神话文体的学习，以神话的神奇与人物形象的伟大为主题，走进人物，了解普罗米修斯的英雄壮举；引导学生在神奇中感受伟大，通过不同形式的朗读体验，加深对普罗米修斯伟大精神的赞美和钦佩之情，感受他不畏强暴、为民造福、坚强不屈的奉献精神；通过与女娲补天、精卫填海等故事的对比，了解古希腊神话的文化特点，明悉中西方神话的共性与个性。

备注："5"为《中小学德育工作指南》中五个方面的德育内容，是各学科共同的德育范畴；"X"为体现学科本质的学科特色德育内容范畴。

第二节 学科德育实施建议

《义务教育语文课程标准（2022年版）》明确指出：语文课程致力于全体学生核心素养的形成与发展，为学生学好其他课程打下基础；为学生形成正确的世界观、人生观、价值观，形成良好个性和健全人格打下基础；为培养学生求真创新的精神、实践能力和合作交流，促进学生德智体美劳全面发展与学生的终身发展打下基础。

语文课程对继承和弘扬中华民族优秀文化传统和革命传统，增强民族文化认同感，增强民族凝聚力和创造力，筑牢中华民族共同体意识具有不可替代的优势。语文课程要充分发挥教材在立德树人方面的独特价值和优势，按照"整体规划、有机融入、自然渗透"的基本思路，将中华优秀传统文化、革命文化、社会主义先进文化、世界文明优秀成果等教育内容自然地融入教材，化为语文的"血肉"。

语文教育不仅要关注语言文字的建构与运用，更要在关注语言的同时，挖掘语言的育人功能，不仅要传授关键知识、培养关键能力，更要注重在这一过程中对学生必备品格、价值观念的培育，使学生初步学会运用祖国语言文字进行交流沟通的同时，吸收古今中外优秀文化，提高思想文化修养，促进其自身精神成长，为今后的成长铺就人生的底色。

一、立足学科内容，关联德育范畴，挖掘育人价值

语文学科在推进学科德育中具有得天独厚的优势，语文课文中温润的文字和温情的故事足以打动学生。学生在文字中行走，在故事中徜徉，与人物对话，与心灵交流，"德"便如涓涓细流滋润着学生的心田。教师要在把握学科基本属性、聚焦文字的过程中落实育人工作，让语文学科价值与育人价值共生同长。教师要在语文课堂中设计识字与写字、阅读与鉴赏、表达与交流等语文实践活动，让学生通过语言实践活动，在学习语言运用的过程中，感受中华优秀文化，增强民族凝聚力，实现关键能力与必备品格的融合发展。语文学科的育人要体现学科自身的特点，促进理想信念、社会主义核心价值观、中华优秀传统文化、生态文明、心理健康、审美、文化视野教育的落实，始终置于语言文字的学习过程，实现工具性与人文性的统一。

（一）理想信念教育

党的十八大以来，习近平总书记多次强调要从中国革命历史、优良传统和精神中汲取养分。作为基础教育内容，小学语文部编版教材中的"红色经典课文"篇目日日趋增多，在学段分布上也进入到第一学段的教材中，并且呈现强化与深入的态势。教师要围绕伟大建党精神，借助教材作品中的人与事，培养学生继承革命传统、传承红色基因，落实理想信念教育。

1. 深挖资源，探本溯源

小学语文教材中，"红色经典课文"中的事件大部分都是在特定的历史环境下发生的，因与当前学生的生活相距较远，学生容易受到文本的制约，因此，教师需要在授课前潜心研究文本，准确定位文本中所描述的时代背景，挖掘课程资源，使学生对文本内容产生立体的感知。在研读文本时，应重点抓住表现主人公家国情怀的字词句段，让学生在文本语言的学习中，生发家国情怀。

2. 立足课堂，身临其境

在课堂中，教师可适当发挥多媒体教学的优势，适时地引用文字、图片、视频等补充资料，拓展学生的视野，拉近学生与革命先辈、时代的距离，培植学生的爱国情感。此外，在教授写人文本时，可借助多种方式，梳理主人公坚定理想信念的心路历程，随着学生对文本的理解、情感的升华，培养学生为民族共同理想而奋斗的意识。

3. 立身实践，知行合一

在学生全面地了解文本内容的基础之上，与现实生活进行对比，实现文本与现实的对话与沟通。教师通过情境链接、引导想象等方法，让学生感受到时代变化中革命英雄所具有的精神，将自己的个人理想与革命信念、时代需要融合起来，树立榜样，坚定报国之志，并将自己对文本的理解、自己的理想信念以讲、演、写等多种语言实践的方式呈现出来。

（二）社会主义核心价值观教育

把社会主义核心价值观融入语文教育的全过程，把国家、社会、公民层面的价值准则融入语文教育活动。通过各种文本的阅读，同时借助多媒体阅读了解家乡、祖国的变化，了解风土人情、名胜古迹、民族历史、社会主义建设的伟大成就，培养学生爱家乡、爱祖国的情感；了解遵守法规的重要性；养成良好的学习生活习惯；培养尊敬长辈、刻苦学习、诚实待人等良好品质。

1. 重视学生实情调研与价值观念转化的整合

教师在组织学习活动前要深度解读文本，建立起语言文字和价值观要素的联系，然后通过学情调查，了解学生的德育行为现状与语言基础，思考价值观定位的终点在哪里，思考学生达成教学目标的实践路径与情境选择，让学习活动融合语言与观念，让学生经历感受与输出的转化实践过程。

2. 重视语言表达实践与关注现实的融合

教师在教学中要关注学生真实生活，贴近学生的认知起点，结合教材中社会主义核心价值观的具体落点，设计关键问题，组合问题链，规划语文实践活动，引导学生在续写、创编、演讲、写倡议书等语言实践活动中融入对现实的关注。

（三）中华优秀传统文化教育

党的十八大报告指出，文化是民族的血脉，是人民的精神家园，要建设优秀传统文化传承体系，弘扬时代新风。中国优秀传统文化的深刻内涵体现了社会主义核心价值观，中华优秀传统文化教育，是在国民教育体系中培育社会主义核心价值观的重要载体。因此，教师要深入挖掘和利用传统文化中的精髓，积极寻找优秀传统文化与语文教学、文本特点的结合点，在教学中以语文的方式加以落实。

1. 在朗读中感受优秀传统文化

优秀诗文、格言警句、民间故事需要反复朗读，以感受语言的魅力、文化的气息。教学中可以采用多种方式进行朗读，一遍有一遍的要求，一遍有一遍的目的，在层层深入的朗读中不断促进阅读，读出滋味，读出理解。

2. 在学习汉字的过程中理解汉字的独特魅力，在对字词的品味中体会传统文化

教学中要注重积累与梳理、比较与分析，聚焦关键的字词，细细品味。字词学习并不是孤立进行的，前后的字词学习应建立起联系，让字词学习与阅读鉴赏、梳理探究紧密相连，在循环往复中品味汉字、语言的凝练精准，习得其精华。

3. 在多种方式的体验中走进优秀传统文化

传统文化的精华在语言文字中，在作品中。教学中要通过语文学习加以落实，利用课堂、社会等多种资源，加以整合，如聚焦语言、文本，引导学生展开想象，走进故事情节，走进人物内心，品析文化；运用表演、演讲、写作等方式传承优秀传统文化；与实际生活相联系，了解各种传统节日、风俗习惯，多元感受和弘扬传统文化。

（四）生态文明教育

环境是人类生存的空间，保护和营造良好的生态环境是人类的重要责任，落实生态文明教育，把人与生活、人与自然良性循环、和谐共生、持续全面发展的绿色种子植入学生心中，这也是语文教育的责任。

1. 借助教材体系进阶逐步强化生态文明意识

教材中有许多描写自然、关注环境的课文，且文本编排呈现逐步进阶的特点，这样的教材是进行生态文明教育的良好素材。教学中要尊重教材的编写特点，尊重学生的认知特点，让学生通过自主阅读形成正确的意识与行为，从认识、感知自然，慢慢走向探索、体会自然，最终走向尊重、保护自然。

2. 生态文明教育要与学生的社会实践生活建立联系

教学中，教师可以跨越课堂，融合社会资源开展语文活动，如可以和班队会结合进行教学实践活动，可以和学校的校本课程、德育课程联合进行深度探究等等。通过走进真实的自然，补充相关资料，运用现实数据，用丰富的资源为学生提供语文实践的机会，引领学生不断加深理解，丰富体验，把认知转化为实践，做到知行统一。

（五）心理健康教育

心理健康教育要与学生的生活经验相结合，通过教材中具体、真实的事件和人物，影响学生的心理认知。心理健康教育应在具体的、真实的情境中展开，教师不宜以空谈或以小结的方式呈现。

1.利用教材调动学生真实的生活经验

教师为学生创设真实的体验活动，将学生的认知体验与生活学习建立联系，增强学生的角色意识，提升体验感、认同感。如教材中有一些涉及"儿童生活"的学习内容与单元，这些内容多呈现儿童生活中的重要人物、事物、场景等，展现童年生活最为深刻的记忆和对作者一生的深远影响，描写真实具体之事，抒发真切动人之情，旨在唤醒学生的童年记忆，激发学生对生活、生命的热爱。教学可从学生的真实生活出发，结合语文园地中口语交际与习作，采用学生喜欢的学习方式，例如用笔画童年、记录童年、回忆自己的童年及访谈身边人，走进他们的童年岁月，尽可能从多个角度感知童年生活的丰富性，在这一过程中实现心理健康教育。

2.注重学生原有差异，采用因材施教的教学手段

心理健康教育触及灵魂深处，与人的先天性格等方面有很大关系，教师在教学中要尊重学生性格等多方面的差异，不强求，不拔高，不勉强，而是重在引导与鼓励，让每一名学生在集体交流、他人认知中获得自我的超越与成长。

（六）审美教育

审美教育实际上是世界观、人生观教育，审美反映了一个人如何看待这个世界、如何看待人生，反复的审美实践活动可以提高人们的审美能力。

1.引导学生带着一双"发现美"的眼睛发现语文中的美

罗丹说："美是到处都有的。对于我们的眼睛，不是缺少美，而是缺少发现。"教师应结合课文，让学生通过语言文字、作品的学习，感受美，明白什么是美的。引导学生在阅读中借助"头脑风暴"发现美，追求美，不断完善自己，感受语言文字的魅力，受到启发和鼓舞，形成健康的审美意识与正确的审美观念。

2.充分利用教材资源，挖掘生活素材，创设活动情境，开展多学科融合的实践活动

在教学中借助语言资源，同时融合游戏、唱歌、舞蹈、纸工、图画、讲故事、演童话剧等学科实践活动，让学生在活动中感受美、展现美，欣赏和评价美，提升学生审美情趣。

（七）文化视野教育

《义务教育语文课程标准（2022年版）》指出，语言文字是人类社会最重要的交际工具和信息载体，是人类文化的重要组成部分。这就要求教师在教学中，不仅要关注学生的文字功底和文学素养，还要关注学生文化素养的提升。

1. 教师首先要不断提升自身文化素养与文化视野，这是有效实施语文教学、更好践行语文课程改革的前提

语文教育、文化和人是内在统一的，文化是连接语文教育和人的纽带。作为一名语文教育工作者，要树立语文教学的文化观，关注语文教学中的文化视野教育，只有这样语文课堂才能高效而灵动。

2. 借助单元课文及课外学习素材拓宽学生的文化视野

于漪老师认为，语文不只是"语"和"文"。教师要借助自己所学和课外资源延展文化视野，打通各学科通道，让历史、哲学、音乐等文化信息，进入学生的心灵，通过多样态的文化素材感受文化。例如在教授《普罗米修斯的故事》时，可以适当融入希腊神话的文化特点，通过阅读两种神话文本，让学生自己感悟其特点，感受其同与不同。

二、聚焦教材的应然要求，关注学生的实然现状，凸显核心育人价值的逐步进阶

学科德育是一项长期的、系统的工程，需要一个逐步建构的过程。教师要借助教材等学习资源，根据学生实际状态，科学合理地设置适宜当下、循序渐进的德育目标，使其兼具现实性和理想性的双维视角，形成层次递进、不断完善的德育目标体系。

语文教材是落实学科德育的重要载体，随着部编版语文教材的统一使用，教师要关注教材双线结构中的人文主题，梳理教材体系，渐次构建人文主题，了解社会主义核心价值观、中华民族优秀传统文化、革命传统、良好的思想道德风尚等人文教育内容自然融于教材的建构体系，精准找到站位。部编教材会在注重学生认知特点的基础上，围绕一个主题进行循序渐进的组织与设计。以理想信念为例，入选教材的革命传统类课文多数为叙事类作品，包括故事、人物传记、散文、小说等；还有说明文、演讲稿、回忆录、文言文、诗歌、议论文、韵文、名言警句等，体裁多样。编排上，依据学生的认知特点，由分散的单篇逐步向单元整组过渡，内容、主题和表达上都做了有梯度的安排。从利用单篇初步了解伟人故事、感受革命传统精神到利用主题单元如"革命先辈""家国情怀""爱国情怀""责任使命""革命岁月""理想信念"等进行立体、深度的学习，由个人到国家、社会，呈现出螺旋上升

的编排方式；人文主题各有侧重，多角度渗透革命传统、革命精神、理想信念等教育，形成教育合力。从主题单元来看，每个单元选文、课后习题、阅读链接、主题实践活动、快乐读书吧的学习内容都与单元主题相关，主题内容自成体系。这样的编排注重学生的认知，为学生打好"中国底色"，植入"红色基因"，帮助学生在潜移默化中形成对革命文化的认同感。

在聚焦教材应然要求的同时，要关注学生当下的道德站位，以现实的视角审视学生的道德需求，以教材为基本素材进行目标的设定，既着眼当下又面向未来。教师基于教材关键问题及学生前测提炼出核心问题与学习任务，让教学贴近学生的最近发展区，让学生随着教材体系逐步形成正确的世界观、人生观、价值观。

三、设计注重体验的活动情境和学习任务，实现学生在真实情境与实践活动中的主动建构

语文学科核心素养是学生在积极的语言实践活动中积累与构建起来，并在真实的语言运用情境中表现出来的语言能力及品质；是学生在语文学习中获得的语言知识与语言能力，思维方法与思维品质，情感、态度与价值观的综合体现。当语文学习是真实的、自然的、完整的、有意义的、有趣味的，是基于学习者个人的经验，是日常生活的一部分并具有社会功能的时候，语文学习才是贴近学生真实需求的有意义的学习。学习任务群的提出明确了语文学习要设计具有内在关联的语文实践活动，要规划具有情境性、实践性、综合性的学习任务。因此，以学习方式的变革促进语文课程育人功能的达成，要创设真实的语言运用情境，在情境中让学生的个体言语经验和言语品质，思维方法和思维品质，情感、态度、价值观及审美情趣和文化感受能力得以综合体现。教师要基于目标的达成，将学习内容和真实生活关联起来，组织融真实的语言运用、情感表达等目标达成为一体的活动情境，设计挑战性的学习任务，引发学生认知冲突，让其面临情感判断。学生在问题情境中基于学习任务主动学习，获得语言、思维、审美、德行的同步发展，在习得语言文字的同时升华情感，净化心灵，获得道德的提升，实现多维目标的达成。

教师在设计基于目标达成的活动情境时，要以具体的语言建构与运用、情感的体验与表达为任务，以学习工具的开发、学习素材的有效重组为依托，创设自主、合作交流氛围，坚持以生为本，从关注教走向关注学，在情境化学习活动中引领学生体验和感悟，促进学生学科核心素养的提升。

四、积极推进评价改进，以多元的评价指向育人目标的达成

真实的语言情境学习要有标准导向和多元评价，这其中不仅要有终结性评价，更要有

过程性评价。学习的过程也是评价发生的过程，要把多元的学习评价嵌入学习过程，学习评价要指向目标的达成，在情境学习评价中让学习过程成为学习目标达成的重要组成。评价主体不仅是教师，学生、家长、社会资源同样可以成为评价主体。评价指向要注重不同的能力层级，关注不同学生的差异发展及综合提升。例如，五年级上册第八单元的人文主题是"旧书不厌百回读，熟读深思子自知"，语文要素是根据要求梳理信息，把握内容要点以及根据表达的需要，分段表述，突出重点。教师借助班级读书会为学生搭设语言实践的活动平台，同时把语文要素作为班级读书会推荐书目、喜欢的人物及分享读书感受的评价要点，分出不同的能力层级，这样的评价融入情境学习活动的全过程，既以活动激发学生的参与热情，同时又在活动要求中融入语文要素，学习目标、学习情境、学习过程、学习资源紧密结合，促进学生关键能力与必备品格、价值观念的同步达成。

第三节　学科德育典型课例

基 本 信 息

教师姓名	杨珧	学　校	清华大学附属小学
教学年级	四年级	教科书版本及章节	（部编）人教版《语文》四下第一单元第二课

一、单元教学设计

单元学习主题	乡村生活

（一）单元教学设计说明

1. 研究背景分析

党的十八大报告中首次提出把"立德树人"作为教育的根本任务。在全国教育大会上，习近平总书记指出"培养什么人"是教育的首要问题。为了推进培育和践行社会主义核心价值观，我们作为教育工作者，在课程建设主阵地中，首先依据《义务教育语文课程标准（2022年版）》要求的"围绕立德树人根本任务，充分发挥其独特的育人功能和奠基作用"的课程理念，其次再结合海淀区《学科德育指导手册》提到的"教师应充分挖掘各学科蕴含的德育要素，对学生进行道德成长的引导和社会主义核心价值观的培育"，最终就有了既立足当下学科育人现状，又指向学生未来发展的整体育人的实践研究，研究背景材料见图5-1。

图 5-1　研究背景材料

"生态文明教育"是落实学科德育的重要途径，它强调了人与生活、人与自然良性循环、和谐共生。这是对社会主义核心价值观及构建社会主义和谐社会要求的落实，也从另一个角度强调了在生态文明教育中要"坚持以人为本，一切依靠人"的行动纲领。基于"生态文明教育"中解读出的"尊重自然、顺应自然、保护自然"的德育要素，"乡村生活"单元即可对标挖掘"和谐"这一主题来实现学科教学与德育要素的紧密结合。

1. 学科德育要素挖掘

1）单元育人点

本单元的人文主题是"乡村生活"，《古诗词三首》通过描绘乡村的风景和儿童展现出了淳朴自然的乡村风光；《乡下人家》通过描写这一特定群体的生活，表达了对乡下人家的喜爱；《天窗》和《三月桃花水》从不同视角还原乡下的生活，表达作者对乡下生活的赞美；而口语交际和作文启发学生把习得的知识和获得的感受转向更广阔的生活空间，单元内容编排指向人与自然和谐相处的美好情感，并呈现从课本走向生活的内在关联。

与"自然"有关的人文主题单元在部编版教材中多次出现，低段主要是学生喜爱的自然景物，随着年段的进阶，中段开始有了人的融入，探索人与自然之间的关系，而高段侧重的是人在自然中的丰富感受。对自然和生态的关注，在小学阶段并不是浅近的，也不是孤立存在的，而是具有关联性和发展性的，详见图5-2。

本单元的语文要素，即"抓住关键语句，初步体会课文表达的思想感情"，在挖掘和落实"人与自然关系"这一德育点的时候，也起到了重要支撑作用。如《乡下人家》中的气泡提示学生可以抓住文中结尾的句子体会乡村生活的独特和迷人；《天窗》中也是通过气泡提示告诉学生文中反复的词句"唯一的慰藉"，帮助体会课文表达的思想感情。在《三月桃花水》中学生可以通过结尾处关键句、文中反复的关键词句，以及画面感受到作者对三月桃花水的喜爱之情。

图 5-2　部编小学语文教材人文主题进阶图示

"体会情感的方法"在小学阶段呈现出了纵向的进阶，低段重在让学生通过想象感受情感，中段强调"抓住关键语句，初步体会课文表达的思想感情"，高段要求综合体会文本情感，详见图 5-3。本单元的语文要素起到了承上启下的重要作用。

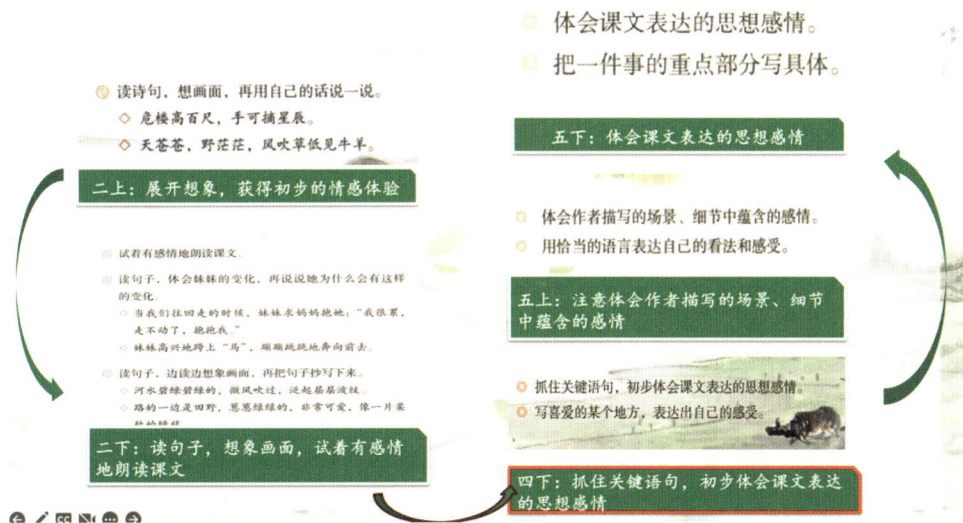

图 5-3　部编小学语文教材语文要素进阶图示

2）学情生长点

对于"乡村"主题，学生在前面的学习中已经有所了解。通过访谈调查发现，在谈及乡村时，有近85%的学生提到的都是具体的农田、果园等常见事物或自然风光，较少提及乡村的生活。因此，在单元整体学习中，将在引导学生品读欣赏乡村美景、激发热爱之情的基础上，重点突破学生对乡村生活的感知和理解。关于语文要素，学生在前面的学习中，已具备查找关键句的语文能力，但是欠缺通过关键句，联系上下文，形成对文本思想感情认知体悟的学习经验。

3. 单元教学组织形式

通过单元整体任务情境设计，建立单元知识的整体感知和架构，通过不断创造认知冲突，在语文要素学习过程中，突破人文主题学习难点。

（二）单元学习目标与重难点

1. 学习目标

（1）认识20个生字，读准2个多音字，会写40个字和26个词语。

（2）学习课文的过程中，抓住关键语句，联系课文内容，想象画面和情境，体会对乡村生活的喜爱之情；有感情地朗读课文，背诵和默写指定的课文。

（3）在转述时，抓住要点，讲清楚主要信息，注意人称转换。

（4）能抓住关键语句，描写喜爱的某个地方，表达自己的感受。

（5）举办"乡村风情展"，通过布展任务，从初步感受乡村的自然美到体会人与自然的和谐美，在学生心中种下"和谐"的价值观的种子。

2. 学习重点

学习抓住关键语句，联系课文内容，体会对乡村生活的喜爱之情。

3. 学习难点

从初步感受乡村的自然美到体会人与自然的和谐美，顺利举办"乡村风情展"。

（三）单元整体教学思路

本单元以"乡村风情展"的策展活动作为整体学习任务，其中涵盖单元起始课、课文教学和实践课，在单元整体任务驱动下，学生自觉自愿地参与到对"乡村"及"人与自然"关系的感知活动中，并完成对"抓住关键语句，初步体会课文表达的思想感情"的语文要素的学习。单元教学结构见图 5-4。

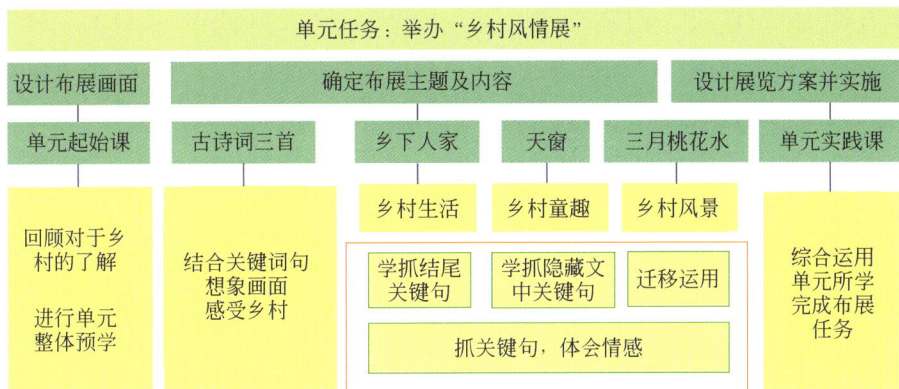

图 5-4 单元教学结构

二、课时教学设计

课题	创设情境 链接生活 感受乡村和谐之美——《乡下人家》第二课时教学设计		
课型	新授课 ☑ 习题/试卷讲评课 ☐	章/单元复习课 ☐ 学科实践活动课 ☐	专题复习课 ☐ 其他 ☐

（一）教学内容分析

《乡下人家》是一篇散文，描绘了乡下人家的植物、动物、生活等，构成一幅立体的人与自然和谐相处的全景图，明确了要凸显的德育要素，即"人与自然和谐相处"。作者对乡村生活的喜爱和赞美都寄托在他所描绘的画卷里。

学生在感受了乡村童趣、欣赏了乡村美景，通过课文中的画面和结尾处的关键句，发现乡村生活中人与自然的和谐之美，为后续体会乡村生活中更为丰富的感情打下知识和情感基础。

本课的课后题"给课文配画并题名"和"交流最感兴趣的景致"着重引导学生通过语言文字描绘的一个个自然亲切、优美恬静的场景，体会乡村生活的朴实、和谐。而"抄写生动形象的句子"和选做题"书写你眼中的乡村景致"则引导学生学习作者抓住乡村生活中最平凡的事物、最普通的场面描写乡村生活的方法并实践运用。这四个思考题的设计是有层次的，让学生在运用图像来整体把握课文内容的基础上自主判断和选择，而后从语言运用上感受如何让文字具有画面感。上述课后题既突出了单元任务"乡村风情展"的布展主题，同时形成的学习成果又高度契合布展内容和形式。

（二）学习者分析

在学习了第一课时内容后，关于"为什么乡下人家是独特迷人的"这个问题，50%的学生的回答都是针对课文中具体的景物，20%的学生回答是针对某一幅画面，20%的学生回答针对乡村风景。通过分析发现学生对于文章的整体理解停留在风景美的维度上，如何突破现有的阅读瓶颈，实现对人与自然和谐之美的深度理解呢？针对这一问题，设计了如下策略：借助关键句，在品读"风景之美"的基础之上，引发认知冲突，尝试进一步发现并理解人与自然的和谐之美。通过访谈，发现学生对"和谐"的认识出现偏差，因此在课堂上，试图通过角色体验等方式积极回应学生所产生的问题。

（三）学习目标

（1）抓住关键语句，联系课文内容，想象画面和情境，从初步感受乡下人家的自然美到体会人与自然的和谐美，在心中种下"和谐"的价值观的种子。

（2）有感情地朗读课文，抓住关键语句，初步体会课文表达的对乡村的喜爱和赞美之情。

（3）积累运用课文中的语句，表达对乡村生活的喜爱之情。

（四）学习重难点

学习重点：抓住关键语句，联系课文内容，从初步感受乡下人家的自然美到体会人与自然的和谐美。

学习难点：通过深度思辨，体会人与自然的和谐之美。

（五）学习评价设计

（1）能否抓住关键词句想象画面，感受乡村的"独特、迷人"（见表5-2）。

表5-2　学习评价1

评价项目	自评 （做到请画√）	互评（做到请画√）		
		第一组	第二组	第三组
找到乡村景致				
能抓住关键词句想象画面				
体会到作者的感情并用朗读表现				

（2）能否描写乡村景致，抒发喜爱之情（见表5-3）。

表5-3　学习评价2

评价项目	评价标准	评价人员				
		本人自评	组员他评1	组员他评2	组员他评3	教师评价
积累生动形象的词句（2星）	内容丰富（1星）					
	书写工整（2星）					

续表

评价项目	评价标准	评价人员			
描写乡村景致（3星）	选材合理（1星）				
	语言生动（1星）				
	表达喜爱之情（1星）				

（六）学习活动设计

教师活动　　　　　　　　　　　**学生活动**

环节一：情境中回顾画面，初步感知和谐

教师活动1

1.回顾和谐生活画面。

教师：在这篇课文第一课时的学习中，我们用串联关键词及选取关键景物的方法，给"乡村生活展"的画作取了名字，并且欣赏了其中有关植物的景致，我们一起来读一读这些语句。

2.聚焦关键语句。

学生活动1

1.读七个画作名称和描写瓜、花、竹的句子。

2.读关键语句。

乡下人家，不论什么时候，不论什么季节，都有一道独特、迷人的风景。

活动意图：通过情境任务驱动，引领学生走进画面，走进情境，回顾第一课时学习成果，从知识内容和情感体验等角度为本节课的学习进行铺垫。

环节二：沿用学习方法，再度理解和谐

教师活动2

1.回忆已学知识。

教师：还记得上节课我们是用什么方法学习植物景致的吗？

2.运用学习方法，迁移学习经验。

教师：为什么不论什么时候，不论什么季节，乡下人家都有一道独特、迷人的风景？

3.组织小组交流。

（1）组织汇报描写乡村动物的部分。

①小组发言。

②教师：别忘了河边还有捣衣的妇女，鸭子们不害怕吗？

学生活动2

1.回忆并梳理学习方法。

2.根据教师提问进行自学、组内交流。

3.小组交流。

（1）汇报描写乡村动物的部分。

①小组发言。

②学生：鸭子不害怕人是因为平时他们相处和睦。

③学生：公鸡母鸡不只是骄傲，还有自在。

（2）汇报描写乡村生活的部分。

①小组发言。

教师活动	学生活动
③ 教师：回看公鸡母鸡的自然段，除了骄傲，你们还读出了什么？ （2）组织汇报描写乡村生活的部分。 ① 小组发言。 ② 引导学生读：它们和乡下人家一起，绘成了一幅自然、和谐的田园风景画。 ③ 教师：它们是谁？为什么能和人家一起组成和谐的风景画？	② 读"它们和乡下人家一起，绘成了一幅自然、和谐的田园风景画"。 ③ 学生：它们是争奇斗艳的花、郁郁葱葱的瓜和归巢的鸟。人们在平日里，能随时欣赏鲜花，随手摘瓜，还能在鸟儿的陪伴下吃饭，这样的生活太惬意啦！

活动意图：丰富学生对于乡村生活的理解，帮助学生体会乡下人家人与自然的和谐，落实教学的重点。同时为下一环节引发思辨、体会和谐关系中"一切依靠人"作铺垫。

环节三：思辨阅读文本，深入体悟和谐

教师活动 3	学生活动 3
1. 引发认知冲突。 教师：布展时，这篇文章的题目可以改成"乡下风光"吗？ 2. 全文引读。 3. 引读中心句。 乡下人家，不论什么时候，不论什么季节，都有一道独特、迷人的风景。	1. 联系全文进行思辨。 预设1：不可以，因为每幅画都有人的影子。 预设2：不可以，乡下风光的迷人，是因为有了人的出现，才能生机勃勃。植物蓬勃生长，动物自由自在。 预设3：不可以，文中不仅写了乡下风光的迷人，更重要的是大自然让人的生活变得格外舒适。 2. 配乐朗读。 3. 读全文中心句，感受乡下风景的"独特、迷人"，学习"抓住关键语句，初步体会课文表达的思想感情"。

活动意图：通过提出具有挑战性的问题，引发认知冲突，让学生意识到"人与自然相互促进、相互依存是'和谐'的本质"，激发学生创造和谐的主观能动性。

环节四：链接生活创作，逐步发现和谐

教师活动 4	学生活动 4
教师：你见过的乡村景致中，一定也有人与自然和谐相处的画面，你发现了吗？请你写一写，为我们的"乡村风情展"准备更加丰富的展览内容。	完成练笔并分享写作内容。

活动意图：将教学内容与学生学习、生活实际相结合，由他人的生活走向学生的生活，创设真实学习情境，帮助学生在面对真问题、完成真任务的同时，学习真本领。

（七）板书设计（见图 5-5）

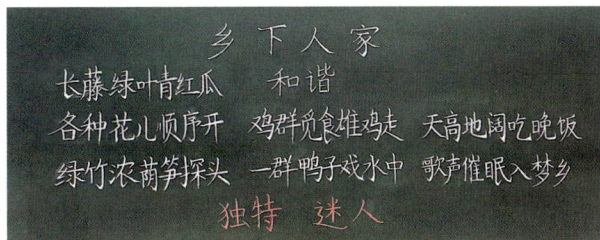

图5-5　板书设计

（八）作业与拓展学习设计

必做： 继续发现身边人与自然的"和谐美"，用图画或者文字的方式记录，并谈谈感受，为布展做准备。

选做： 了解国家为"努力建设人与自然和谐共生的美丽中国"做了哪些事情。

（九）特色学习资源分析、技术手段应用说明

（1）挖掘"和谐"主题统领单元，寓德育于学科教学。通过丰富的学科阅读方法，让学生从感受乡村是一幅多姿多彩的美丽画卷，走向体会乡下人与自然的和谐之美，进而丰富学生对乡村生活主题价值的理解，将生态文明的绿色种子根植在学生心中。

（2）构建单元任务驱动学习，探索学科德育有效载体。通过"乡村风情展"的单元真实任务，创设鲜活的言语实践的情境，在情境中让学生的个体言语经验与文本中的乡村生活链接，学生全身心投入学习，在"乡村风情展"的任务情境中，学会"抓住关键语句"并"体会课文表达的思想感情"。

（3）设置挑战性任务，整体提升思维品质，德育智育全面发展。设置挑战性任务，引发学生认知冲突，对德育要素进行深度思辨理解，形成学习的前后贯穿的思维链条，将生态文明的种子真正埋在学生心底。

（十）教学反思与改进

（1）单元情境可以与学生生活更贴近，真正让学生感兴趣，从真问题学真本领。

（2）课时教学中对于"关键语句"的解读不明确，需要再深入教材，根据学情进行挖掘。

教研员点评

《乡下人家》所在单元是部编版四年级下册的第一单元，人文主题为"乡村生活"，语文要素是"抓住关键语句，初步体会课文表达的思想情感"。《乡下人家》是其中的一篇主题课文，文章以诗化的语言为读者展现了一幅乡村生活独有的迷人画卷，怎样让孩子沉入

文字，读出画面，品出情感，使语言与情感同频共振，怎样让学生形成通过关键语句体会情感的关键能力与感受和谐美好乡村生活的价值观念是学科德育首先要思考的问题。

融合双线　定位育人价值：学科德育要在学科教学中落实，要在文字的品析、作品的鉴赏中完成。本单元的语文要素是"抓住关键语句，初步体会课文表达的思想情感"，这是为学生在高年级养成整体感知能力做准备。文章中以气泡提示的方式提示学生可以抓住文中结尾的句子体会乡村生活的独特和迷人，这就是文章提升学生关键能力与完善学生必备品格价值观念的融合点，教师在懂得教材编写意图的基础上，在教学中让学生通过自主阅读，聚焦关键语句，再通过细读文本，品析文字，关联画面，整体体会，深入感知，从一幅幅画面、一个个场景建构起一幅乡村生活的全景，体会人与自然的和谐美，在心中种下"和谐"的价值观的种子。

关联生活　确定情境任务：《义务教育语文课程标准（2022年版）》指出，"义务教育语文课程内容主要以学习任务群组织与呈现"。学习任务群的提出明确了语文学习要设计具有内在关联的语文实践活动，要规划具有情境性、实践性、综合性的学习任务、学习情境，让学生在学习中明确学习的要义，成为学习的主动建构者、实践者、展示者。基于这样的思考，我们以"乡村风情展"为学习情境，以布置展板内容、设计展示主题为学习任务启动单元整体学习任务，其中涵盖起始课、品读和实践课，在单元整体实践任务驱动下，学生自觉自愿地参与到对"乡村"及"人与自然"关系的感知活动中，并完成对"抓住关键语句，初步体会课文表达的思想感情"的语文要素的学习。

迁移运用　评价中见成长：一节好的教学不仅需要清晰的目标与路径，还要确定目标达成的行为标准，把表现性评价嵌入到学习活动中，把关键能力的建构与必备品格、价值观念的形成在学习行为中呈现出来。基于这样的思考我们在教学中提前让学生走进社区、社会、自然，发现自然、感受和谐，在教学中让学生感受乡村生活的美好和谐，用自己的笔呈现自己的感受，流露自己的真情，帮助学生"抓住关键语句"和"体会课文表达的思想感情"。

评课人：王化英　北京市海淀区教师进修学校

第六章
小学数学学科

第一节　学科德育范畴

　　根据《中小学德育工作指南》确定的五个方面的德育内容，形成各学科共同的德育范畴。根据小学数学学科本质，形成学科特色德育内容范畴，以"X"形式进行呈现。"X"的内容主要包括科学精神和态度教育、数学核心素养教育，引导学生"会用数学的眼光观察现实世界，会用数学的思维思考现实世界，会用数学的语言表达现实世界"。综上，形成小学数学学科德育范畴，详见表6-1。

表 6-1　小学数学学科德育范畴

德育范畴		内 容 阐 释	示 例
5	理想信念教育	以新中国发展相关素材为载体，引导学生在数学教学活动过程中，了解改革开放和社会发展成就，领会中国特色社会主义的基本理念，认识中国促进世界人类文明发展的伟大使命，培养学生对党的政治认同、情感认同、价值认同，树立为共产主义远大理想、中国特色社会主义而奋斗的信念和信心。	北师大版四年级上册"近似数"：通过观看新中国成立70周年庆典视频，阅读新闻稿，引导学生在对比和归纳中区分近似数和精确数，感受近似数在现实生活中的应用，借助数线探索用四舍五入法求近似数的方法、感悟原理，建立对党、对国家和对人民军队的基本认知和亲近感，激发学生作为中国人的自豪感。
	社会主义核心价值观教育	通过身边的真实情境和数据，感知富强、民主、文明、和谐的社会主义祖国正在走向现代化的美好未来，在应用数学方法解决问题的过程中理解公正、公平的价值追求，遵守爱国、敬业、诚信、友善的基本准则，培养诚实待人、认真做事的良好品德。	北师大版五年级下册"平均数的再认识"：通过真实的比赛情境和"免票线"的实际问题情境，引导学生在解决实际问题中经历收集数据、整理数据、观察分析数据、多角度处理数据、做出决策的过程，认识平均数这个重要的、刻画数据集中趋势的统计量作用，建立用数据说话的意识，发展数据意识，体会公平、公正、正义的社会价值追求，激发学生社会参与的公民意识。

续表

德育范畴		内容阐释	示　　例
5	中华优秀传统文化教育	通过将中华优秀传统文化素材作为数学的学习素材，让学生了解家乡的生活习俗和变迁，知道重要传统节日文化内涵，明白自己是中华民族的一员；培养学生热爱家乡、热爱生活、亲近自然的情感；在数学活动中有待人接物的基本礼节，能够理解他人、尊敬师长、友爱同学，树立人生理想和远大志向，做讲仁爱、守诚信、崇正义的中国人。	北师大版三年级上册"年、月、日"：通过合作制作日历并重点标注传统节日的学习任务，引导学生综合应用生活经验并体会年月日之间的关系，在生生、师生互相交流过程中了解中华民族的历史传统、文化积淀。
	生态文明教育	在数学学习中结合真实素材，引导学生认识、欣赏大自然，热爱大自然，积极保护大自然。主动地参与环保活动，了解人类自身行为对环境所产生的正面与负面影响，积极践行绿色消费和"光盘行动"，养成爱护公物、节约资源的良好生活习惯。	北师大版五年级下册"数据的表示和分析"：组织学生开展以"环境保护"为主题的综合实践活动。学生通过对"雾霾天气""环境污染"等问题的调研，在调查研究、分析数据、提取信息、解决问题的活动中感受环境保护的价值和意义。
	心理健康教育	在解决数学问题的过程中，引导学生认识自我、尊重生命、学会学习和生活，培养积极的心态和健康的个性品质，提高安全意识和自护自救能力。通过合作学习等方式，学会与同学、教师交往，建立良好的人际关系，具有自主参与各种活动的能力。	北师大版一年级上册"小明的一天"：在说一说、认一认等学习活动中，通过认识时针和分针、整时和半时，建立时间观念，养成珍惜时间的习惯。借助制定"作息时间表"等课后实践活动，引导学生有计划、有目标地安排自己的生活，通过"微信群打卡""班级评比栏"等评价手段，使学生自己制定的"作息时间表"得以有效落实，提升学生自主进行时间规划和管理的能力。
X	科学精神和态度教育	在学习、理解、应用数学知识解决问题的过程中了解数学的价值，引导学生正确认识和对待数学学习的内容与方法，养成独立思考、反思质疑的学习习惯，培养勇于探索、求真求实、敢于质疑、积极创新、公正民主的科学精神和科学求证、实事求是、严谨周密的科学态度。	北师大版四年级下册"三角形内角和"：学生通过对三角形内角和的猜想、探索与质疑，发展动手操作、观察比较能力，体验数学思考与探究的乐趣，培养勇于探索、科学求证、实事求是的科学精神与态度。
	数学核心素养教育	数学课程要培养的学生核心素养，主要包括以下三个方面：会用数学的眼光观察现实世界；会用数学的思维思考现实世界；会用数学的语言表达现实世界。	北师大版六年级上册"圆的周长"：通过大小车轮等生活中常见的实例，激发学生学习圆周长的兴趣，引导学生以数学眼光观察，以数学思维思考，经历猜测、测量、计算、验证的科学探究过程，发现圆的周长和直径的关系，并运用数学语言总结关系和规律。

备注："5"为《中小学德育工作指南》中五个方面的德育内容，是各学科共同的德育范畴；"X"为体现学科本质的学科特色德育内容范畴。

第二节　学科德育实施建议

　　《义务教育数学课程标准（2022年版）》明确提出，"义务教育数学课程以习近平新时代中国特色社会主义思想为指导，落实立德树人根本任务，致力于实现义务教育阶段的培养目标，使得人人都能获得良好的数学教育，不同的人在数学上得到不同的发展，逐步形成适应终身发展需要的核心素养"。从中我们可以看到：数学课程的功能不仅仅是传授知识技能，更是实现课程育人，落实立德树人这一教育根本任务。

　　数学学科的系统性、科学性、思维性和特殊性决定了它具有独特的育人价值，如从数学概念上看，直与曲、已知与未知、精确与近似、循环与不循环、公约与互质、正比例与反比例等，均揭示矛盾的普遍性；从数学运算上看，加与减、乘与除的关系、积与商的变化等内容，隐含着客观中对立统一等规律。作为一线教师，要善于挖掘小学数学本身所蕴含的丰富思想内容，因为对大多数学生而言，尤其是今后不从事与数学相关职业的学生，数学知识可能被遗忘，而能够被留下的一定是数学素养和科学精神，是对"真""善""美"的追求。

　　数学课堂是数学教师育人工作的主阵地、主渠道，数学教师是这个主阵地和主渠道的领导者、引领者。数学教师要学习和理解数学学科的价值特性，依据课程标准充分挖掘数学课程蕴含的教育价值，在此基础上根据学生实际情况创设真实性、体验性的生活情境，设计有挑战性的学习活动和任务，在传授知识、培养能力的同时，提升学生核心素养，实现全面育人。同时，在教育教学实践中，教师要尊重学生，关爱学生，以强烈的责任心、严谨的治学态度、健全的人格感染和影响学生，重视教师自身的榜样示范作用，不断提高自身的数学素养，在和谐的师生关系中对学生进行情感、态度、价值观等全方位的影响和教育。

一、深入挖掘数学教学中的关键德育要素，明确数学学科教学的德育价值

　　首先，从整体上看，教育部2017年颁布的《中小学德育工作指南》为我们梳理德育内容提供了具有借鉴意义的分类方法。德育的内容可以分为理想信念教育、社会主义核心价值观教育、中华优秀传统文化教育、生态文明教育和心理健康教育五个方面。这些共性的德育内容有的直接蕴含在数学教材中的各个主题中，如北师大版数学教材四年级上册"卫

星运行时间"一课，通过介绍我国发射的第一颗人造卫星绕地球 1 圈需要 114 分，让学生了解中国梦，从而树立自豪感。还有一些德育内容需要教师结合数学课堂教学深入挖掘和处理，如在教授"年、月、日"时，可以通过标注传统节日，引导学生了解重要的中华民族传统节日及其内涵，进行中华优秀传统文化教育。可以看出，不管是教材中已经显性存在的，还是隐性的需要挖掘的德育要素，都需要数学教师在选择教学素材时心里装着学科育德、眼睛里看得见德育内容，教学设计时像关注数学知识一样关注德育内容。

其次，从数学学科的特点上看，数学真理的绝对性、数学结论的可靠性、数学演算的精确性和数学思想的深刻性使其在促进人的理性思维、科学精神发展中具有独特贡献。数学学习中需要的实事求是、言必有据、严谨认真，以及数学核心素养中的抽象能力、推理意识、数据意识等，都对学生了解科学精神、科学态度、科学方法产生重要的影响。学生在长期的数学活动中利用科学方法，发现和提出问题，运用数学知识分析、理解和解决问题。在这个过程中，学生可以结合自己的知识经验大胆猜想，再去用实验验证自己的猜想，通过反思、质疑，亲自体验和感受，不断独立思考、反思质疑、求真求实，形成实事求是、严谨周密的科学态度。这些并不是在学生学到一些具体知识后就能自然形成的，它的实现需要日积月累，贯穿于学生整个数学活动过程中，一旦形成，将让学生终身受益。

最后，自主探索、合作交流等学习方式的选择会对学生的学习和生活态度产生影响，这些看似与数学学科内容本身无关，但同样也是数学课堂中应该关注和落实的。

综合以上几个方面，我们可以看到，德育要素在数学课程中是丰富存在的，渗透在数学学科的各个分支，构成了数学德育特有的内涵。所以说，学科德育是数学学科教学的重要组成部分，是提高数学课品质的一个重要途径。

二、根据学习者特征和需求，联系生活创设真实体验性德育情境

小学生的性格、个性品质尚未完全形成，具有很强的可塑性，小学阶段开展学科德育不容忽视、刻不容缓。同时，儿童学习的心理特征还要求小学数学学科德育开展的方式不能是说教的、贴标签式的，而是需要在体验和实践中进行的，这就要求数学教学中创设的情境与小学生的生活和学习实际情况紧密联系，具有一定的真实性和体验性。例如：结合统计的学习对学生进行节约用水的教育，联系学生生活中见到的水龙头滴水现象，让学生在真实的测量活动中体验收集数据、整理数据的过程，从而得到一个水龙头每小时、每天的滴水量，再通过联系、计算、推理等，了解到更多的水龙头滴水所造成的巨大浪费。当学生发现司空见惯的滴水的水龙头一年浪费水的数据之大，再对比目前我国缺水的事实数据材料时，节约用水的观念不需要老师告诉学生，就能根植于学生的内心当中。学生在真实的体验性情境中学会用数学的眼光观察现实世界，更容易迁移到日常生活中去，数学学

科德育也就能落到实处。

三、融合德育线索设计挑战性活动任务，体现数学活动的德育过程

当前数学课程改革的基本价值取向注重学生问题解决等关键能力培养，需要以问题、任务来引领和驱动学生的数学学习活动。在学科德育的开展过程中，需要为学生提供有趣味、有意义的活动资源，设计开放性的、具有一定挑战性的、有利于学生主体积极参与的问题和任务，同时，这些挑战性任务需要融合德育线索，并处于学生的最近发展区中。学生在这样的数学任务完成过程中经历分析、综合、判断、反思、创造等一系列思维活动，主动地建构数学知识、掌握学科技能，提高核心能力，形成数学素养。如北师大版六年级下册"圆锥的体积"一课，学生在独立思考的基础上，结合生活经验和圆柱体积的学习经验，努力完成"怎样得到圆锥的体积"这一富含数学意义又具有挑战性的任务。有的学生能够想到和圆锥有些共同点的圆柱；有的学生能够探索把圆锥切割拼接后变成长方体；有的学生能够通过倒水、倒沙实验探究和验证圆锥的体积是和它等底等高的圆柱体体积的三分之一。在这些活动过程中，学生经历真实的学习探究过程，践行解决问题的科学方法，同时能够体会到成功的喜悦。教师在此基础上引导学生讨论这些方法的优势与不足，学生会结合操作过程和结果提出质疑，在这个过程中逐渐形成实事求是、严谨周密的科学态度。

四、多角度关注与多方面结合，做好学科德育课程的持续性评价

做好学科德育课程的持续性评价，首先需要将学科评价与德育评价相结合，关注学生"全人"发展。小学数学实施学科德育，评价是必不可少的重要环节，其既是对学习结果的检验，也是对学习过程的考查，目的是全面了解学生学习的过程和结果，从而激励学生学习和改进教师教学。所以，学科德育的评价重点和目标不是"甄别"，而是"发展"。应以学生发展为中心，紧密结合学科课程标准、德育要求确定评价的内容、过程和结果，即评价既要包括对学生数学学习的评价，也应该包括对学生德育的评价。对于学生数学学习的评价，应以数学课程目标和课程内容为依据，体现数学课程的基本理念，全面评价学生在知识技能、数学思考、问题解决、情感态度等方面的表现。对于学生德育的评价应在关注学生理想信念教育、社会主义核心价值观教育、中华优秀传统文化教育、生态文明教育和心理健康教育的同时，关注学生的科学精神和态度、数学核心素养的发展。这与制定教学目标时应考虑德育目标一脉相承，数学学科德育应从目标和评价的源头上把关注学生"全人"发展放在首位。

做好学科德育课程的持续性评价，其次需要评价主体多元与方式多样相结合。一方面做到评价主体多元，即教师对学生的评价、学生的自我评价、学生之间的相互评价、家长及社会对学生的评价等形成合力，构成评价主体的立体化，共同在学生数学学科核心能力和素养提升方面发挥作用。另一方面做到评价方式多样，评价方式可以是书面测验、口头检测、活动报告、课堂观察、课后访谈，还可以借助教师反思、问卷反馈、小组档案袋、成长记录袋等多种方式，了解学科德育课程的实施过程、实施结果，判断预期课堂德育目标是否得以达成，能够比较客观、公平地反映学生的能力和素养方面的情况，促进学生后期改进。

第三节　学科德育典型课例

基 本 信 息

教师姓名	李京华	学　校	北京市海淀区中关村第三小学
教学年级	五年级	教科书版本及章节	北师大版《数学》五下第八单元第三课

一、单元教学设计

单元学习主题　　1.2 米免票线要不要提高

（一）单元教学设计意图

现代社会的公民越来越需要与数据打交道，在处理实际问题时人们越来越注重对数据的收集、整理和分析，这就是一个统计的过程，而每一个统计的过程，都是在现实生活中发现问题，然后开展调查研究，收集数据，最后通过分析做出判断。统计的核心词就是数据意识，即能自觉地想到运用统计的方法解决有关的问题，它与应用意识是密不可分的。

《义务教育数学课程标准（2022 年版）》指出，数据意识包括：知道在现实生活中，有许多问题应当先做调查研究，收集数据，感悟数据蕴含的信息；知道同样的事情每次收集到的数据可能不同，而只要有足够的数据就可能从中发现规律；知道同一组数据可以用不同方式表达，需要根据问题的背景选择合适的方法。应用意识有三个方面的含义：一是有意识地利用数学的概念、原理和方法解释现实世界中的现象与规律，解决现实世界中的问题；二是能够感悟现实生活中蕴含着大量的与数量和图形有关的问题，可以用数学的方法予以解决；三是初步了解数学作为一种通用的科学语言在其他学科中的应用，通过跨学科主题学习建立不同学科之间的联系。

"平均数的再认识"这一教学内容位于北师大版《数学》五年级下册第八单元"数据的表示和分析"，教材以两个具体的情境为载体，帮助学生体会平均数的特点，学会运用平均数解释简单生活现象、解决简单实际问题。

在实际教学中我发现在讲授"平均数的再认识"一课时，经常会遇到 40 分钟讲不完的尴尬情况。学生在解读 1.2 米免票线的规定时总是对这一政策产生很浓厚的兴趣，对免票线的制定过程产生很多的疑问，问题和争论层出不穷，在课堂上单就这一问题就需要讨论很久，但是在用平均身高解释 1.2 米免票线的合理性这一核心问题上却表现得兴趣不大，加之还要结合解决问题的过程，进一步认识平均数的特点，1 课时的时间是不够的。

为了了解其中的缘由，我对五年级的 27 名学生进行了调查。结果见表 6-2 和表 6-3。

表 6-2　学生对北京公交地铁免票线的了解情况

了解情况	不知道	1.2 米	1.25 米	1.3 米
人数	8 人	16 人	1 人	2 人
百分比	29.6%	59.3%	3.7%	7.4%

表 6-3　学生对全国列车免票线的了解情况

了解情况	不知道	1.2 米	1.5 米	其他情况
人数	11 人	9 人	3 人	1.0 米、1.1 米、1.25 米、1.4 米各 1 人
百分比	40.7%	33.3%	11.1%	各 3.7%

由上面的数据可以看出，学生对于免票线并不了解，北京公交地铁免票线是 1.3 米，全班正确率只有 7.4%，全国列车免票线为 1.2 米，正确率也只有 33.3%。而关于是否想了解有关免票线的事情，学生的回答更加令我们咋舌，详见表 6-4。

表 6-4　学生的了解意愿

分　类	人数（百分比）	举　例
想了解	14 人（51.9%）	我想知道为什么免票按身高分，不按年龄分。 我想了解为什么1.20米以下儿童可免票。

续表

分　类	人数（百分比）	举　例
不想了解	13 人（48.1%）	不想.因为对我已经没用了。 不想，因为反正我也免费不了。

　　搭乘公共交通是学生共有的体验，但学生对于免票线却并不了解；而近一半的学生不想了解这些事情，因为已经与他们无关了。作为一名教育工作者，我的内心受到了极大的触动！

　　免票线与现实生活联系很紧密，是数学教学中难得的一个既包括数学知识、思想方法又蕴含公民意识，从"学科教学"到"课程育人"的好素材。基于对教材的分析、学生的调查，如何解决素材好但课时不够、学生没有需求的困境，我做了多次尝试，发现进行单元整体教学设计可以有效地解决这一困境。

（二）单元内容分析

1. 纵向梳理教材

　　纵观北师大版小学数学教材，从二下开始正式介绍统计知识，直至六上，统计与概率的内容不同、侧重点不同，但整体看都是让学生完整地经历收集、整理、表示和分析数据的过程，了解在现实生活中有许多问题应当先做调查研究，收集数据，通过分析做出判断，体会数据中蕴含的信息。教材安排的二至六年级的学习内容与顺序（见图 6-1）和学生经历的统计过程是一致的。在整个统计与概率的学习过程中，四下认识平均数，是在大量积累调查与记录、数据的整理和表示的经验之后，开始侧重于对数据的表示和分析，挖掘数据中不能直接看到的量，通过对其分析做出推断。

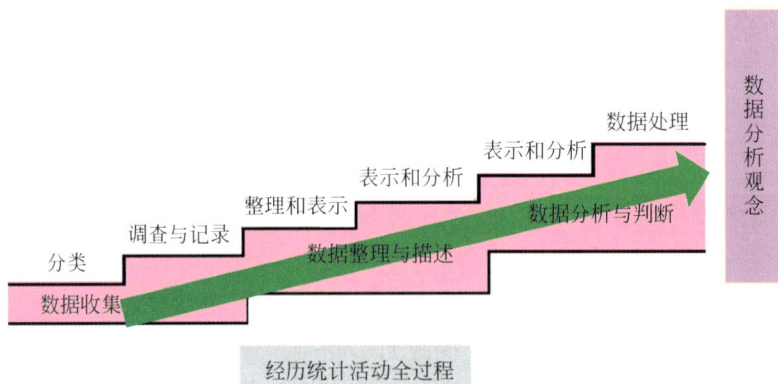

图 6-1　二至六年级统计与概率内容安排

　　北师大版教材中，对平均数的认识分为两个阶段，见图 6-2 和图 6-3。

图 6-2 四下"平均数"

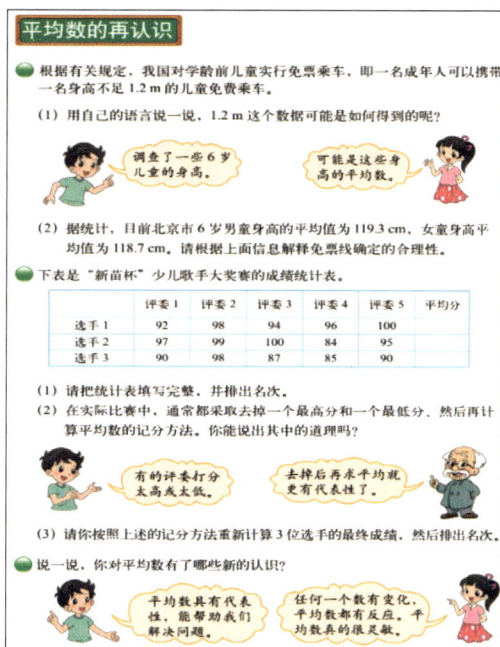

图 6-3 五下"平均数的再认识"

这两个阶段对平均数的认识背景和维度是不一样的，具体见表 6-5。

表 6-5 不同阶段对平均数的认识

课　名	主　情　境	对平均数的认识维度
四下"平均数"	通过计算得出淘气记忆数字的水平	1. 平均数是众多统计量中的一个 2. 平均数的计算方法 3. 平均数能代表一组数据的平均水平 4. 生活中应用平均数的事例
五下"平均数的再认识"	1. 用 6 岁儿童的平均身高解释 1.2 米免票线的合理性 2. 歌手大赛去掉最高分和最低分再算平均分	1. 平均数有代表性，能代表一组数据的平均水平 2. 平均数容易受极端数据的影响，有时候不能很好地代表一组数据的平均水平 3. 运用平均数解释简单生活现象、解决简单实际问题

两次关于平均数的学习，都是在问题解决的过程中进行的，使学生体会到平均数是反映一组数据集中趋势的统计量，能表示一组数据的平均水平。可见，平均数具有代表性这一点，是认识平均数的根本。五下再次学习平均数时，让学生体会平均数会随着任何一个数据的变化而产生变化，极端数据对平均数的影响较大，本质上也是在讨论平均数的代表性，引导学生经历由"知道"到"深入理解"平均数特征的过程。极值的"去留"，需要根据问题背景及数据特点来决定，比如在歌手大赛的评分中，由于数据少，出现极端数据之后，如果不去除，平均数就不能很好地代表一组数据的平均水平；而在调查 6 岁儿童身

高的情境下，当数据足够多的时候，极端数据对平均数的影响就没那么明显，平均数依然可以很好地代表 6 岁儿童身高的平均水平。

2. 在不同版本教材中看"平均数"

对比人教版、北师大版、苏教版、青岛版四个版本的教材，只有北师大版教材对平均数有两次认识过程，其他版本都只涉及一次对平均数的认识，但在苏教版和青岛版教材的练习中，也涉及北师大版再认识中关于极端数据的影响的内容。所有版本教材的共同特点，都是在问题解决的背景下学习平均数的。也就是说，不管哪版教材，都非常注重平均数的统计学意义，都是在应用中去理解平均数的意义。

（三）学习者分析

为了了解学生是否有用数据说话的意识，我对五年级 39 名同学做了前测（见图 6-4）。

图 6-4　前测情境问题图

测得结果见表 6-6 和表 6-7。

表 6-6　问题 1 的回答

想　　法	人数及百分比	举　　例
遵守规矩	7 人，17.9%	同学们，面对这样的问题，你们有什么想法？ 规矩就是这样的，大家必须服从。
提高到 1.3 米	7 人，17.9%	同学们，面对这样的问题，你们有什么想法？ 我觉得确实应该将标准提到1.3米。
提高标准	11 人，28.2%	同学们，面对这样的问题，你们有什么想法？ 我觉得五岁多的孩子身高1.3米，营养养一定比以前好，所以应该有许多孩子这样，所以应该提一点免票的身高。

续表

想　　法	人数及百分比	举　　例
用现在的平均身高定标准	7人，17.9%	同学们，面对这样的问题，你们有什么想法？ *我的想法是：现在得乘车票应该用现在儿童的身高，算一个平均数来定票。*
用年龄定标准	7人，17.9%	同学们，面对这样的问题，你们有什么想法？ *我的想法是这样做太不公平，我们可以用年龄去买票这样会对长得高年龄小的孩子有些帮助。*

分析：17.9%的学生提出将免票的标准提高到 1.3 米，因为他们看到国内很多城市已将标准提至 1.3 米，感性地认为也要把郑州的标准提高至 1.3 米，并没有想要去调查郑州儿童身高的情况。同时 28.2%的学生看到许多市民反映，孩子才五岁多就已经超过了 1.2 米，说明免票线应该提高，并没有具体指出免票线的标准。17.9%的学生面对这样的困难，更改了用身高制定免票的标准，想到按照年龄来制定。以上 64.1%的学生都没有调查数据的意识，就凭着感觉提出自己的诉求，没想到用数据来解决问题。只有 17.9%的学生面对这样的问题，具有数据调查的意识，想到通过调查现在儿童的身高，运用平均数来制定免票线。这说明学生缺乏用数据说话的意识，缺少主动用数据说话的能力，本节课需要教师激发学生调查真实数据的意识，带领学生走进数据，使学生能够用数据说话，运用数据解决实际问题。

表 6-7　问题 2 的回答

做点什么		人数及百分比	举　　例
遵守规矩		11人，28.2%	作为一名小学生，面对这一问题，想一想，你能做点什么？ *可以在车站提醒人们遵守规矩*
调查数据		2人，5.1%	作为一名小学生，面对这一问题，想一想，你能做点什么？ *我能调查一下看看多少岁身高大于 1.2 米。* 作为一名小学生，面对这一问题，想一想，你能做点什么？ *我能量身高，然后总结平均数。*
建议 26人， 66.7%	反馈问题	18人，46.2%	作为一名小学生，面对这一问题，想一想，你能做点什么？ *我们可以，给政府写一封信告诉他们我们的观点和问题。*
	平均数	2人，5.1%	作为一名小学生，面对这一问题，想一想，你能做点什么？ *我们可以做一张身高报，把我们大多的平均身高写在上面给他们，可以再定一下。*

做点什么		人数及百分比	举　例
建议 26 人， 66.7%	投票	1 人，2.6%	作为一名小学生，面对这一问题，想一想，你能做点什么？ _我可以发起一个网上投票，给出几个不同的身高标准，让大家决定，然后将结果上报给市委会。_
	年龄	5 人，12.8%	作为一名小学生，面对这一问题，想一想，你能做点什么？ _我反应一下，然后说："可以按年龄免票。"_

分析：28.2% 的学生能做到提醒乘客买票，遵守规矩，没有主动的合理诉求，只是被动地接受，完全没有想要提建议的意识，更别说数据调查的意识。5.1% 的学生拥有非常好的数据观念，想到去实际调查数据，但没想到提出自己的建议。66.7% 的学生想到提出自己的建议，说明具有一定的公民意识和责任感，但是其中 46.2% 的学生只是提到反馈问题，12.8% 的学生建议考虑年龄，比较感性，缺乏数据的支撑，2.6% 的学生想到网络投票的方法，只有 5.1% 的学生真真正正地想到调查数据，通过计算平均数来提出有理有据的建议。因此需要再次激发学生的小公民担当意识、调查真实数据的意识，让他们富有责任感，主动参与到国家的政策制定中，敢于提出自己有理有据的建议。

（四）单元学习目标与重难点

1. 学习目标

（1）了解我国"免票"的相关福利待遇，发现和提出现实问题，梳理解决问题的流程，提高责任担当和采取正确方式表达诉求的意识。

（2）在解决"1.2 米免票线要不要提高"这一问题的过程中，经历调查研究、收集数据、分析数据、做出决策的全过程，理解平均数的统计意义，体会平均数的实际应用。

（3）进一步理解对于同样的数据可以用多种分析的方法，根据问题的背景选择合适的方法。了解极端数据对平均数的影响，体会数据中任何一个数有变化，平均数会随着变化。

（4）在运用平均数的知识解释简单生活现象、解决简单实际问题的过程中，进一步积累分析和处理数据的方法，发展数据分析观念与应用意识。

（5）运用适当的文体，结合数据，合理、准确地表达诉求。

2. 学习重点

（1）科学、准确地收集数据，进一步理解平均数能作为一组数据集中趋势的代表。

（2）学会有理有据地表达观点。

（3）培养公民意识与责任担当。

3. 学习难点

提高解决问题的能力，发展数据意识，培养科学精神。

（五）单元整体教学思路

根据以上对教材以及学习者的分析，我重新构建了"平均数的再认识"单元教学，结构如图 6-5 所示，这个多学科结合的单元，始终围绕着"1.2 米免票线要不要提高"这一现实问题，而问题解决的全过程，恰恰是实践统计的全过程。此单元教学分成四个课时完成，让数据意识的内涵都落到实处，同时培养孩子的责任担当。

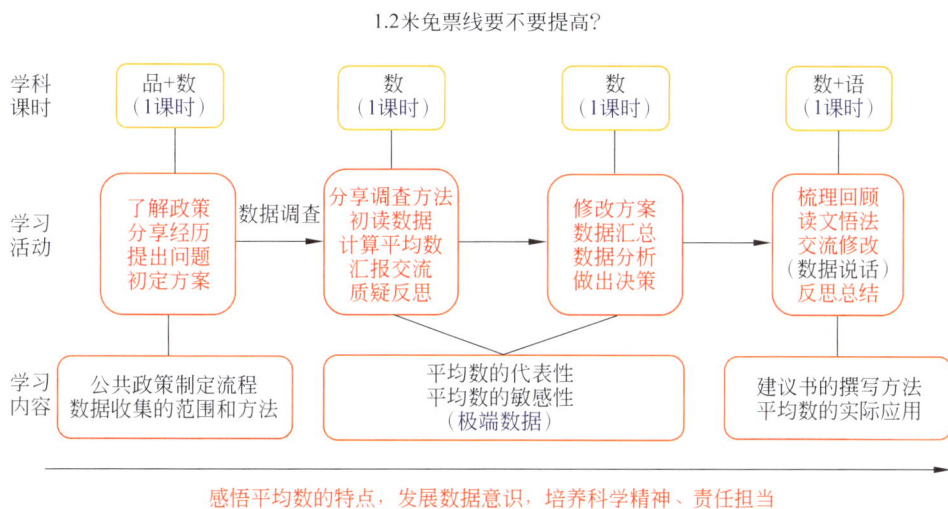

1.2米免票线要不要提高?

学科课时	品+数（1课时）	数（1课时）	数（1课时）	数+语（1课时）
学习活动	了解政策 分享经历 提出问题 初定方案	分享调查方法 初读数据 计算平均数 汇报交流 质疑反思	修改方案 数据汇总 数据分析 做出决策	梳理回顾 读文悟法 交流修改（数据说话）反思总结
学习内容	公共政策制定流程 数据收集的范围和方法	平均数的代表性 平均数的敏感性（极端数据）		建议书的撰写方法 平均数的实际应用

感悟平均数的特点，发展数据意识，培养科学精神、责任担当

图 6-5　单元设计框架

二、课时教学设计

课题	小公民，有担当——平均数的再认识		
课型	新授课 ✓	章/单元复习课 ☐	专题复习课 ☐
	习题/试卷讲评课 ☐	学科实践活动课 ☐	其他 ☐

（一）教学内容分析

教材中的"平均数的再认识"一课分为两大块内容（见图 6-6 和图 6-7），一是通过讨论 1.2 米免票线的合理性来体会平均数的代表性；二是通过歌唱比赛打分的情境，告诉学生有时去掉极值再求平均数，能更好地代表一组数据的平均水平。免票线的情境，对于学生数据意识以及应用意识的培养有以下几个优势。

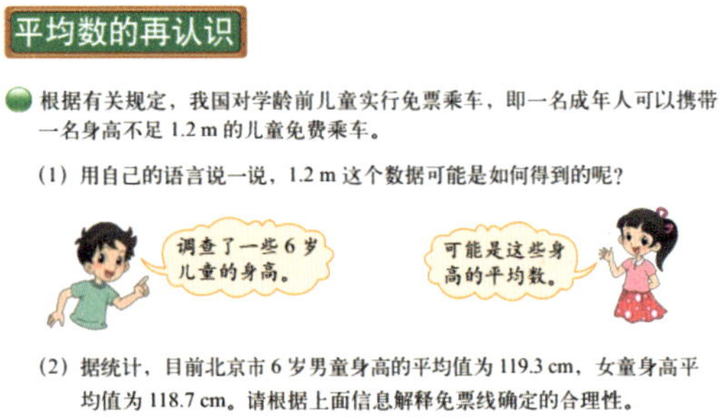

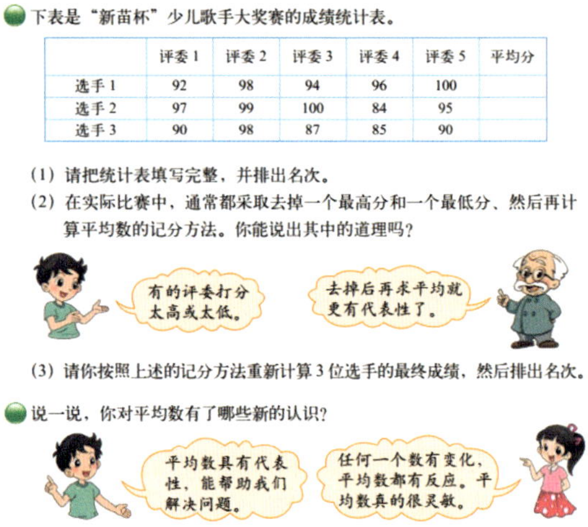

下表是"新苗杯"少儿歌手大奖赛的成绩统计表。

	评委1	评委2	评委3	评委4	评委5	平均分
选手1	92	98	94	96	100	
选手2	97	99	100	84	95	
选手3	90	98	87	85	90	

(1) 请把统计表填写完整，并排出名次。

(2) 在实际比赛中，通常都采取去掉一个最高分和一个最低分、然后再计算平均数的记分方法。你能说出其中的道理吗？

有的评委打分太高或太低。

去掉后再求平均就更有代表性了。

(3) 请你按照上述的记分方法重新计算3位选手的最终成绩，然后排出名次。

说一说，你对平均数有了哪些新的认识？

平均数具有代表性，能帮助我们解决问题。

任何一个数有变化，平均数都有反应，平均数真的很灵敏。

平均数的再认识

根据有关规定，我国对学龄前儿童实行免票乘车，即一名成年人可以携带一名身高不足 1.2 m 的儿童免费乘车。

(1) 用自己的语言说一说，1.2 m 这个数据可能是如何得到的呢？

调查了一些6岁儿童的身高。

可能是这些身高的平均数。

(2) 据统计，目前北京市 6 岁男童身高的平均值为 119.3 cm，女童身高平均值为 118.7 cm。请根据上面信息解释免票线确定的合理性。

图 6-6　五下"平均数的再认识"1

图 6-7　五下"平均数的再认识"2

（1）它是现实存在的社会现象，这样的情境蕴含着丰富的育人功能，能够激发学生的社会参与意识，培养学生的责任与担当，这在数学学习中是非常难得的。作为一名教育工作者，我们有责任抓住这样的机会，充分利用教材提供的这个好情境，发挥出它的教育意义。

（2）免票线与学生生活息息相关，更容易引发学生的真实思考。

（3）此情境经历数据分析的全过程：面对"免票线要不要提高"这一问题，需要先调查，然后收集数据，接着对数据进行分析，最后做出决策。

（4）在解决"1.2 米免票线是否合理"这一问题的过程中，学生更容易感受到平均数的代表性，及其灵敏、易受极端数据影响的特性。

综上所述，构建"平均数的再认识"单元学习，将始终围绕"1.2 米免票线要不要提高"这一问题开展。

（二）学习者分析

学生在四下已经认识了平均数，知道平均数是表示数据集中趋势的统计量，那么到了五下，学生在遇到数据需要分析的情况时，会不会想到用平均数？他们又是怎样运用平均数的呢？我对五年级 25 名同学做了如下前测：

调研题目 1

表 6-8 是"新苗杯"少儿歌手大奖赛的成绩统计表。

表 6-8　成绩统计表

序号	评委1	评委2	评委3	评委4	评委5	名　次
选手1	92	98	94	96	100	
选手2	97	99	100	84	95	
选手3	90	98	87	85	90	

（1）请你根据以上信息，给选手排出名次，写出你的排名方法。

（2）如果请你描述一下每位选手的歌唱水平，你会如何描述？简单写一写。

（3）对于评委给 2 号选手的打分，你有什么想法？

数据统计与分析：

表 6-9 和表 6-10 统计了问题（1）和问题（2）的回答情况。

表 6-9　问题（1）的回答

排名方法	人数及百分比	举　　例
平均分	15 人，60%	
总分	7 人，28%	
中间数	1 人，4%	
去极值再平均	1 人，4%	
无方法	1 人，4%	我不会

根据表 6-9，60% 的学生能用平均数来解决问题，说明他们对于平均数的认可度较高，在需要分析数据时，能想到用平均数。而且还有用算总分、取中间数的方法来分析数据的，个别同学还采取了去极值再平均的方法。说明孩子们能够根据问题的背景选择合适的方法。这些都说明学生具有一定的数据意识，为后续学习平均数的再认识奠定了很好的基础。

表 6-10　问题（2）的回答

描述方式		百分比	举　　例
用语言描述		16 人，64%	
用数据描述	平均数	5 人，20%	
	其他	4 人，16%	

当让学生描述歌手的歌唱水平时，尽管上面学生已经算出歌手的总分或者平均分了，但仍然仅有36%的学生想到用数据说话（见表6-10），到底是学生缺乏"用数据说话"的意识，还是调查中的问题指向不清晰呢？为了搞清这个问题，我调整了一下提问方式，在另一个班进行了第二次前测：

调研题目2

表6-11是"新苗杯"少儿歌手大奖赛的成绩统计表。

表6-11　成绩统计表

序　号	评委1	评委2	评委3	评委4	评委5	名　次
选手1	92	98	94	96	100	
选手2	97	99	100	84	95	
选手3	90	98	87	85	90	

（1）请你根据以上信息，给选手排出名次，写出你的排名方法。

（2）请你想办法说明每位选手的歌唱水平，并写出你这样说的理由。

（3）对于评委给2号选手的打分，你有什么想法？

数据统计与分析：

在改变问题（2）的提问方式之后，有76%的学生都是用数据说话的。这说明学生是具备"用数据说话"的能力的，但主动性还有所欠缺。也说明我们之前有关统计的教学定位还是准确的，只不过数据意识要想真正生发成一种主动的意识，还需要老师不断引领学生亲近数据，使他们想到用数据，愿意用数据说话，能从数据中提取一些信息。表6-12统计了问题（3）的回答情况。

表6-12　问题（3）的回答

想法	百分比	举　例
没意识到极值	3人，12%	选手的打分，你有什么想法？比较平均，没有100分都但看起来很高
关注到2个极值	8人，32%	最高分(100分=>三号评委)与最低分(84分=>四号评委)相差太多。
评委欣赏角度问题	5人，20%	评委给1号选手的打分太不平均了，可能是欣赏角度的不同
评委4打分太低	9人，36%	答：我觉的评委4有些不准，因为其它4个评委打的分都在95分及往上，而4号评委都只打了84分。

根据表6-12，多数学生还是意识到了评委给2号选手的评分有异样，特别是对最低分

的关注度，达到了 68%。这说明学生有对数据的质疑，只不过还不知道该如何降低极端数据对整体水平的影响。

由以上前测我们可以看出，学生具备了良好的统计基础，也具有一定的数据意识，在平均数的再认识一课中，教学的关键在于要让学生亲近数据，使他们想到用数据，愿意用数据说话，能从数据中提取一些信息。而在用数据说话的过程中，自然而然想到平均数，在处理极端数据时，深入理解平均数的敏感性。

（三）学习目标

（1）在解决"1.2 米免票线要不要提高"这一问题的过程中，经历调查研究、收集数据、分析数据、做出决策的全过程，理解平均数的统计意义，体会平均数的实际应用。

（2）进一步明确对于同样的数据可以用多种分析的方法，根据问题的背景选择合适的方法。了解极端数据对平均数的影响，体会数据中任何一个数有变化，平均数会随着变化。

（3）在运用平均数的知识解释简单生活现象、解决简单实际问题的过程中，进一步积累分析和处理数据的经验，发展数据意识与应用意识。

（四）学习重难点

重点：理解平均数的统计意义，体会平均数的实际应用。

难点：进一步理解平均数能作为一组数据集中趋势的代表。

（五）学习评价设计

1）过程性评价

在课堂中学生独立思考、主动探索、合作交流的情况。

2）结果性评价

学校举行歌唱比赛，8 位老师给同一位同学的打分如下。（满分 10 分）

4	7	7.2	7.5	8	8.4	9	9.8

（1）你觉得组委会该怎样制定评分标准给每位同学打分？并说明你的理由。

（2）根据你制定的标准，这位同学最终的得分是多少？

（六）学习活动设计

教学流程见图 6-8。

1）回顾梳理，明确研究问题

（1）回顾与链接

引语：上节课我们上了一节品德和数学的综合课，课上我们发现了"很多人能享受各种各样的免票福利"这一社会现象，还发现了"有的人超过 6 岁了还没到 1.2 米，依然享

```
┌──────┐      ┌──────────────────┐
│ 引入 │ ⇨   │ 回顾梳理，明确研究问题 │
└──────┘      └──────────────────┘
   ⇩
┌──────┐      ┌──────────┐       ┌────────────────────────────┐
│ 活动一 │ ⇨   │ 分享调查方法 │ ⇨    │ 数据收集方法分享，体会数据的随机性 │
└──────┘      └──────────┘       │ 和抽样的价值                │
   ⇩                              └────────────────────────────┘
┌──────┐      ┌──────────┐       ┌────────────────────────────┐
│ 活动二 │ ⇨   │ 初读数据  │ ⇨    │ 唤起学生对平均数的原有认知：平均数 │
└──────┘      └──────────┘       │ 是反映一组数据的集中趋势的统计量， │
   ⇩                              │ 它能表示一组数据的平均水平        │
┌──────┐      ┌──────────┐       └────────────────────────────┘
│ 活动三 │ ⇨   │iPad计算平均数│⇨  ┌────────────────────────────┐
└──────┘      │ 汇报交流    │     │ 借助iPad辅助教学，学生在观察数据和 │
   ⇩          └──────────┘       │ 图像的过程中感受平均数的特点       │
┌──────┐      ┌──────────────────┐└──────────────────────────┘
│ 总结 │ ⇨   │ 总结提升，推进问题的最终解决 │
└──────┘      └──────────────────┘
```

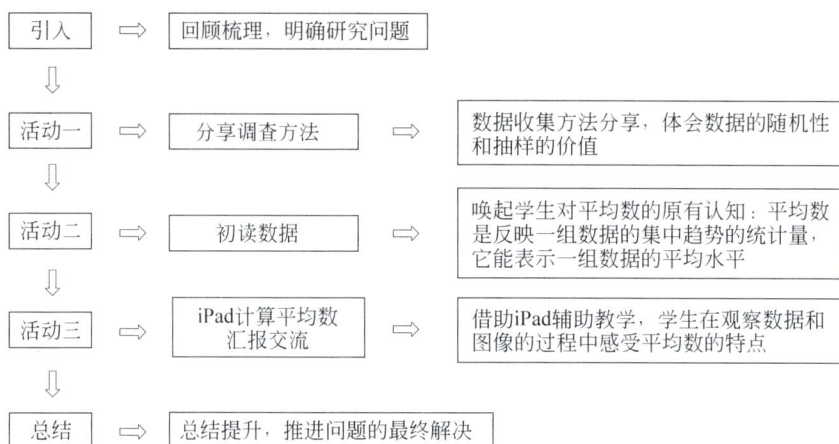

图 6-8　教学流程

受免票待遇，有的孩子才五岁多就已经超过了 1.2 米，已经需要买票了"这一社会问题，进而提出了"1.2 米免票线要不要提高"这个问题，并且针对这一问题，讨论了解决这个问题的流程。

（2）明确数据

提问：为了解决这个问题，同学们调查了一些 6 岁儿童的身高数据，你能简单跟大家交流一下，你是如何调查的吗？

小结：同学们想出了各种办法收集到了这些数据，我特别感动：一是感动于你们求真求实的科学精神和实事求是的科学态度，尽自己最大努力收集到了真实的数据，为我们解决问题提供了科学依据；二是感动于你们的责任担当，你们都是有担当的孩子，为了解决这个问题付出了自己的努力！接下来我们就充分利用手里的数据，来分析"1.2 米免票线要不要提高"这个问题。

活动意图：数据意识的灵魂是求真求实的科学精神和实事求是的科学态度，而科学精神是小学数学教学不应忽视的教育内涵。数据收集是统计与概率教学中必不可少的环节，在这个过程中渗透诚信教育，从小教育孩子不造假，培养学生的科学精神。

2）初读数据，尝试解决问题

（1）初读数据，提出问题

提问：请你仔细观察你调查的数据，根据这些数据，你觉得 1.2 米免票线要不要提高？

预设回答：

① 我调查了 n 个数据，超过 1.2 米的有 m 个，超过（不到）一半，所以提高（不提高）。

② 我的数据中，1.2 米以上和以下的一样，不能判断。

③ 我的数据，从 a 米到 b 米，比较居中的是 x 米，比 1.2 米高（低），所以提高（不提高）。

④ 我需要算算这些数据的平均数再决定。

小结并进一步提问：同学们根据自己的数据做出了判断，有的认为不提高，有的认为要提高，那怎么办？

预设回答：

① 再多调查一些数据，再决定。

② 可以算算平均数。

（2）聚焦平均数

提问：有同学提到可以算一算平均数，为什么要算出这组数据的平均数来做决定呢？

活动意图：一方面引导学生再次感受对于同样的数据可以有多种分析方法，需要根据问题的背景选择合适的方法，另一方面唤起学生对平均的原有认知：平均数是反映一组数据的集中趋势的统计量，它能表示一组数据的平均水平。

3）在问题解决的过程中，理解平均数

（1）计算平均数

接下来我们就按你们说的，扩大数据，两人一组，算算你们收集到的 6 岁儿童的平均身高。看看 1.2 米免票线要不要提高。

（2）出示活动要求

① 两人一组，借助 iPad，计算你们小组数据的平均值。

② 分工合作，一个人念，一个人录入，念的人负责记录每一次录入后产生的平均数。

③ 思考：平均数是不是像你们刚才说的那样，能代表你们组身高数据的整体水平，帮我们做出判断？

（3）展示交流

① 我们组得到的平均身高、我们的结论。

② 我们的平均数是不是能代表我们组数据的整体水平。

（4）反馈重点

① 极端数据影响平均数的代表性，怎么办？

预设回答：去掉极值；增加数据。

讨论：能否去掉极值？为什么？增加数据为什么能降低极端数据对平均数的影响？（演示验证）

② 平均数随着每一个数据的变化而改变，它很灵敏。

③ 随着数据增多，平均数的变化幅度越来越小，趋于稳定。

活动意图：在运用平均数解决问题的过程中，发现平均数很灵敏；在数据较少时，平均数受极端数据影响较大。在讨论极端数据处理方法的过程中，意识到当数据足够多时，极值对平均数的影响就不那么明显，也让学生更加深刻地理解平均数具有代表性，能帮助解决问题，实现对平均数的再认识。

4）总结提升，推进问题的最终解决

（1）初步决策

提问：通过刚才的交流，你们觉得平均数能否代表你们组身高数据的整体水平，帮我们做出判断？请你们说一说自己得到的平均数和结论。

预设回答：

① 各组平均数都超过了 1.2 米，提高免票线。

② 各组平均数有高有低，还不能提高，应扩大调查范围，得到更多数据。

（2）进一步思考和决策

提问：现在我们能做出决策了吗？应该怎么办？

预设回答：

① 还不能，因为数据太少，结论不统一，不具有说服力。

② 将全班数据汇集在一起，再算平均数。

③ 再调查一些别的地区的数据，再分析、判断。

（3）总结

孩子们，你们太棒了，当遇到问题时，你们能想到用数据说话，让数学成为我们解决现实问题的工具，你们是当之无愧的有能力、有担当的好孩子！后面我们将一起继续调查、分析、做出决策，最终解决这个问题。

活动意图：引导学生领会解决"1.2 米免票线要不要提高"这个问题，需要对大量的、不同地区的数据进行分析，然后迈向问题解决的下一步——扩大调查范围，收集更多数据，再分析数据，得出结论。再次引领学生进入新一轮的问题解决过程，在此过程中提高学生的学科素养，培养公民意识。

（七）板书设计（见图6-9）

问题：1.2 米免票线要不要提高？

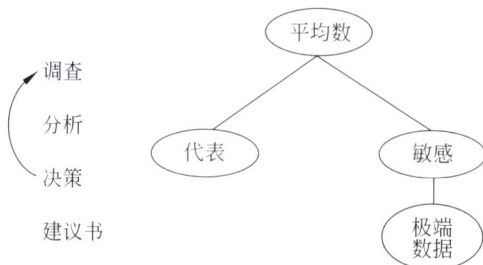

图6-9　板书设计

（八）作业与拓展学习设计

作业： 扩大范围，继续调查 6 岁儿童的身高数据，确保真实性，体现随机性。

拓展学习设计： 学校举行歌唱比赛，8 位老师给同一位同学的打分如下。（满分 10 分）

4	7	7.2	7.5	8	8.4	9	9.8

请采用一种方法给这位同学一个合理的分数，并写出你的方法和理由。

（九）特色学习资源分析、技术手段应用说明

巧妙应用信息技术，让数据表达可视化

解决真实的问题，就会面对大量的真实数据，如何处理和表达这些数据，帮助学生更好地理解数据背后的意义，是每一堂统计课程的核心。

在运用平均数解决问题的过程中，我们利用 iPad，借助应用软件将学生的数据图形化，减少了烦琐的计算过程。数据的可视化形象生动地体现了每个数据对于平均数的意义所在，直观地表达了平均数的关键特征，如平均数的灵敏性，在数据较少时，平均数受极端数据影响较大，而在对极端数据处理方法的讨论过程中，也通过相对稳定的波形图，让学生意识到当数据足够多时，极值对平均数的影响就不那么明显，让学生更加深刻地理解了平均数具有代表性，能帮助我们解决问题，实现对平均数的再认识。

（十）教学反思与改进

1. 面向真实情境的跨学科学习，让深度学习自然发生

面对汹涌而来的人工智能时代，人们意识到，学再多的知识也不如建立一套自己的思维方式，深度学习将成为未来学习变革的重要方向。学习绝不能满足于对知识的表面理解和重复记忆，学生要在已有知识的基础上，将所学新知与原有知识建立联系，获取对知识的深层次理解，主动建构个人知识体系并有效迁移应用到真实情境中以解决复杂问题。本课的设计，力争让学生的学习回归生活，通过真实的问题情境，让学生在现实挑战中发现知识、学习知识、运用知识，建立新旧知识之间的必然联系。知识的综合成为世界科技发展的主导趋势，综合交叉学科已经成了创新的重要来源。我们用完整的学科育完整的人，通过跨学科、跨领域的方式，构建以解决现实问题为目的的多学科整合学习，弥合分科教学对学生认知的割裂，让教育回归自然，让深度学习自然发生。

2. 让数据意识和应用意识扎实落地

本课的教学设计，始终围绕着"1.2 米免票线要不要提高"这一现实问题展开讨论，在解决这个问题的过程中，学生自然而然想到要调查、收集数据，要通过分析数据做出决

策，从而解决问题。在这样的学习活动中，数据分析观念和应用意识自然而然地融入学生的思维中，落实了对数据意识以及应用意识的培养，在这个过程中促进学生科学精神、科学态度的形成和发展。

教研员点评

"平均数的再认识"是北师大版五年级下册第八单元"数据的表示和分析"中的教学内容，教材中设置了两个情境，一是用 6 岁儿童的平均身高解释 1.2 米免票线的合理性，二是去掉歌手大赛最高分和最低分计算平均成绩，帮助学生体会平均数的特点，运用平均数解决简单实际问题。

其中"1.2 米儿童免票线"这个现实素材，结合学情调研，引发了教师的深入思考。1.2 米免票线是否合理？这样的社会问题为什么出现在小学教材中？ 6 岁儿童是否免票与五年级 11 岁的学生如何发生关联？数学学科本身又有什么样的作用和价值？这一系列的问题引发教师对平均数价值的再思考和再定位。显然，仅统计量这一个核心点还不足以支撑平均数的价值。虽然学生现在只是一名小公民，但他们以后有可能成为政策的参与者和制定者。于是，教师对这节课进行了再创造，跨三大学科——道德与法治、数学、语文构建课程，从学科教学走向学科教育。

重视培养学生公民意识。通过调查和了解"军队学员和退伍军人免费乘车""高铁 1.2 米以下免票"等惠民政策，学生感受到社会的文明和进步，提升幸福感，激发爱国情怀。

探求科学的方法和精神。在解决"1.2 米免票线是否合理"这一问题的过程中，学生调查研究的意识、对数据进行合理质疑的意识、尊重事实的态度以及用数据说话的习惯都能得到很好的体现。同时，数据收集是统计与概率教学中必不可少的环节，在这个过程中渗透诚信教育，教育学生不造假，有助于促进学生求真求实的科学精神、实事求是的科学态度的形成与发展。

提倡正确参与方式。当学生通过数据发现"免票线调到 1.25 米更合理"时，后续教师还设计了撰写建议书这一课时。恰好，本课程所在学校的校长是一名人大代表。于是，老师带领学生们一起有理有据地表述自己的提议，学生们用这种正当合理的方式参与政策的完善过程。

评课人：孙京红　北京市海淀区教师进修学校

第七章
小学英语学科

第一节　学科德育范畴

依据《义务教育英语课程标准（2022 年版）》《中小学德育工作指南》以及相关文献，在研读教材、开展案例研究及实践调研的基础上，确立"5+X"小学英语学科德育范畴（详见表 7-1），其中"5"是指理想信念教育、社会主义核心价值观教育、中华优秀传统文化教育、生态文明教育、心理健康教育；"X"是指国际理解教育。

表 7-1　小学英语学科德育范畴

德育范畴		内容阐释	示例
5	理想信念教育	基于相关主题内容，以古今中外革命先辈、时代楷模的优秀事迹为载体，开展拓展阅读和跨学科学习，在真实的学习情境、学习任务、学习过程和语言实践中，把英语学习成果转化为坚定的理想信念，转化为正确的世界观、人生观、价值观，将个人理想与民族、国家需求结合起来，与远大理想和共同理想结合起来，引导学生继承革命传统，不断树立为共产主义远大理想和中国特色社会主义共同理想而奋斗的信念和信心，立志成为有理想、有本领、有担当的时代新人。	人教版英语（一年级起点）六年级上册 Unit 5 Famous People：在"学习名人楷模"单元学习主题引领下，通过创设征集《中国少年英语报》名人楷模专栏主题征文的学习情境，引导学生利用图书或网络资源查找有关名人的资料，获取有关名人简介、成就的基本信息，阅读感受名人的成长经历，了解我国和其他国家著名人物对社会做出的贡献，学习他们的优秀品质，培养学生的社会责任感，将自己的人生选择与国家民族命运结合起来，与时代发展、社会需求结合起来，树立正确的世界观、人生观、价值观，肩负起民族复兴时代重任的信念。
	社会主义核心价值观教育	把社会主义核心价值观融入英语教育的全过程。引导学生在语言的感知与积累、习得与建构、表达与交流的过程中，理解并自觉践行社会主义核心价值观，升华爱国、爱社会主义的情怀，从小事做起，能够做出正确的价值判断，知道该做什么、不该做什么，严守底线，学会感恩，乐于助人、学会宽容、学会自律，修炼个人品德，树立"良知"，提升品格，学会做人，具有文明礼貌的道德行为；正确认识个人与国家、个人与社会的关系，立志肩负起中华民族复兴的时代重任，成为具有社会责任感、创新精神和实践能力的社会主义合格建设者和可靠接班人。	人教版英语（一年级起点）一年级上册 Unit 4 Numbers Story Time：在"公平分享"主题意义引领下，通过故事学习，提取并梳理 Bill 分糖果的过程与方法，借助故事插图、糖果实物、多媒体课件、学具等理解故事大意，体会故事人物的情感；简要评价故事中 Bill 的做法，并通过小组探究 3 个小朋友分 10 块糖果，怎么分更合理？分完后还剩 1 块，怎么办？引导学生在具体的学习情境中小组合作体验，运用所学语言共同商量和讨论解决的办法，并在解决问题的实践中形成正确的价值判断，最终领悟平等、公平、公正是维系社会良性运转的基本原则，但并不是所有的事情都可以量化，达到绝对的公平、公正的道理。

续表

德育范畴	内 容 阐 释	示　例
5 中华优秀传统文化教育	引导学生通过多种形式的英语学习和实践活动，深入了解祖国的悠久历史和灿烂文化，感受中华优秀传统文化的魅力，感悟中华优秀传统文化中蕴含的价值理念，增强文化自信，厚植家国情怀；逐步加深对个人与国家、个人与社会关系的思考并形成正确认识；熟悉中华民族重要传统节日，了解家乡生活习俗、文化内涵，了解经典的民间艺术，了解传统礼仪，学会待人接物的基本礼节，大力弘扬中华传统美德和民族精神，学会理解他人、懂得感恩、孝敬父母、尊敬师长、友爱同学、礼貌待人、勤俭节约、吃苦耐劳，养成言行一致的生活习惯和行为规范，逐步提高学生辨别是非、善恶、美丑的能力，增强传承和弘扬中华优秀传统文化的使命和责任。	人教版英语（一年级起点）二年级上册Unit 6 Happy Holidays：在"中国传统节日"单元学习主题引领下，创设向来校参观的外国小朋友介绍中国传统文化的任务情境，引导学生学习并初步运用英语介绍中国传统节日和中华优秀传统文化（如京剧、文学、绘画、园林、武术、饮食等）；通过观看中国传统节日的故事小视频、拓展阅读节日小语篇，了解更多重要的民族传统节日，学习表达有关节日的习俗短语，运用表演节日问候语的方式，深入了解中华优秀传统文化，增加学生对中华博大精深文化的认识，增强学生的民族自豪感，使其成为未来中华优秀传统文化的传承者和传播者，让世界更好地了解中国和中国文化。
生态文明教育	引导学生通过英语学习，了解世界以及祖国的大好河山和地理地貌，认识大自然，关爱自然，欣赏大自然的美，知道生物的多样性，学会与大自然和谐相处，提高学生的生态意识，完善学生的生态文明行为，帮助学生树立尊重自然、顺应自然、保护自然的发展理念，形成与自然和谐发展的意识，增强保护环境的自觉性。引导学生在跨媒介阅读与交流等学习活动过程中宣传和推广健康观念，养成勤俭节约、低碳环保、自觉劳动的生活习惯，形成健康文明的生活方式。	人教版英语（一年级起点）五年级上册Unit 3 Animals：在"保护动物"单元学习主题引领下，创设制作以保护动物、保护地球为主题的宣传海报的任务情境，让学生通过收集有关动物的相关资料，了解自己感兴趣的濒危动物的形态特征、栖息环境、食性和生活习性等方面信息；观看《珍惜地球、爱护动物》的公益视频短片，体会动物是大自然留给人类的无价之宝，懂得动物是人类的朋友，学会与动物、与大自然和谐相处。基于所读的文本和所看的视频材料，讨论人与动物、人与自然的关系，发表个人观点，撰写有关保护动物的宣传材料，增强保护动物、保护环境的自觉性。
心理健康教育	引导学生通过英语学习，理解生命意义和人生价值；具有积极健康的生活态度；具有安全意识与自我保护能力；掌握适合自身的运动方法和技能，养成健康文明的行为习惯和生活方式；具有积极的心理品质，自信自爱，坚韧乐观；有自制力，能调节和管理自己的情绪，具有抗挫折能力；正确认识与评估自我；依据自身个性和潜质选择适合的发展方向；合理分配和使用时间与精力；具有达成目标的持续行动力等。	人教版英语（一年级起点）六年级上册Unit 4 Feelings：在"更好地理解自己的情绪"单元学习主题的引领下，通过阅读心情日记、参加心理小测试、制作个人情感手册、找寻适合自己的调节负面情绪的方法等活动，帮助学生正确认识自我，学会恰当、正确地体验情绪和表达情绪；学会克服自卑，寻找自信的方法。通过讨论不良情绪下不恰当行为造成的不良后果，让学生学会通过音乐、运动、交流等多种方式调控自己的情绪，乐观面对生活。

续表

德育范畴	内容阐释	示　例
X　国际理解教育	通过阅读不同的语篇，了解不同国家的优秀文明成果，比较中外文化的异同，汲取文化精华，理解、鉴赏、认同中外优秀文化，能够认知、尊重文化多样性，能够比较、分析、判断文化差异，逐步形成跨文化沟通与交流的意识和能力，初步具有人类命运共同体和全人类共同价值意识；坚定文化自信，积极参与跨文化交流；关注人类面临的全球性挑战，培养学生关心人类、关心世界的全球胸怀和开阔的国际视野。	人教版英语（一年级起点）五年级下册Unit 2 Special Days：在"多样的节日文化"单元学习主题的引领下，创设为外国小朋友设计一个特殊节日庆祝活动的任务情境，教师引导学生通过大胆创新，把自己对中国、对世界的理解融入不同形式的英语创作之中。通过深入了解、对比不同国家和民族的节日文化，让学生感受到不同民族蕴含在节日中的内在的共同精神追求，进而增进对其他民族文化的认同与理解，并在与其他民族或国家的人民进行交往的过程中，以尊重、欣赏的态度看待各国、各民族的节日风俗，增强对中国优秀文化的自信，提高绘画、书法、艺术审美等方面的综合素养，让文化多样性的意识根植于学生的心田。

备注："5"为《中小学德育工作指南》中五个方面的德育内容，是各学科共同的德育范畴；"X"为体现学科本质的学科特色德育内容范畴。

第二节　学科德育实施建议

　　《义务教育英语课程标准（2022年版）》（以下简称《课标》）明确了落实育人价值的课程导向和课程育人的基本理念，要求"英语课程以习近平新时代中国特色社会主义思想为指导，全面贯彻党的教育方针，落实立德树人根本任务，以培养有理想、有本领、有担当的时代新人为出发点和落脚点"。并指出"核心素养是课程育人价值的集中体现，是学生通过课程学习逐步形成的适应个人终身发展和社会发展需要的正确价值观、必备品格和关键能力"。2017年，教育部颁布了《中小学德育工作指南》，其中第五点"实施途径和要求"对课程育人提出了要求：课程育人要"充分发挥课堂教学的主渠道作用，将中小学德育内容细化落实到各学科课程的教学目标之中，融入渗透到教育教学全过程"。除严格落实、上好德育课程外，也要发挥其他课程德育功能。"要根据不同年级和不同课程特点，充分挖掘各门课程蕴含的德育资源，将德育内容有机融入到各门课程教学中。"英语课程的育人价值是课程的高层次价值，建立在语言学习的方法论价值和语言学习的知识价值之上，是英语课程的根本任务。[1]

《课标》明确提出："义务教育英语课程体现工具性和人文性的统一，具有基础性、实践性和综合性特征。学习和运用英语有助于学生了解不同文化，比较文化异同，汲取文化精华，逐步形成跨文化沟通与交流的意识和能力，学会客观、理性地看待世界，树立国际视野，涵养家国情怀，坚定文化自信，形成正确的世界观、人生观和价值观，为学生终身学习、适应未来社会发展奠定基础。"外语教育是一种文化教育，目标是通过外语教育使学生学文化、启心智、达至善，整体培养学生的外国语言文化素养，使学生在外语能力、心智能力和人文素养等方面得到全面提升与发展。[2] 英语课程的价值不只是使学生学习英语，形成英语语言运用能力，还要使学生通过英语学习得到全面发展，包括思想品德、情感态度、价值观等方面的发展。教师要把落实立德树人作为英语教学的根本任务，准确理解核心素养内涵，全面把握英语课程育人价值。

一、立足学科内容，挖掘德育要素，凸显育人价值

《课标》要求"英语课程内容的选取遵循培根铸魂、启智增慧的原则"。在教学过程中，要"加强单元教学的整体性"，"教师要强化素养立意，围绕单元主题，充分挖掘育人价值，确立单元育人目标和教学主线"，"推动学生核心素养在义务教育全程中持续发展"，学业质量反映核心素养要求，"以核心素养为主要维度"，对学生学业成就具体表现特征进行整体刻画。

英语课程要实现育人目标，必须以教材为基础。对英语课程而言，教材既是英语教学的主要内容和手段，也是学生学习知识、增长智慧的来源，还是对学生进行思想品德教育的重要媒介。英语教材中的语言材料包含的话题十分丰富，如日常生活、健康与安全、自然与环境、科学与技术、历史与社会、文学与艺术等。这些话题蕴藏着无穷的可用于英语教学的德育要素，特别是对学生进行爱国主义教育、文化和价值观教育、意志品格教育、情感教育等。因此，教师要深研课标、细研教材，以培养学生的核心素养为出发点，根据学科特点、学段特征和学生发展需求，充分关注、挖掘学科本体和学习过程中的思想道德教育要素。以主题为引领，根据学生的水平和教学需要，有效利用和开发教材资源，激发学生的学习兴趣，开阔学生的视野，拓展学生的思维。教师还可以立足学科内容适当选用或开发教材之外的优质教学资源，以补充教材的教学内容，加强正确价值观引导，重视必备品格和关键能力培育，使学生在接受英语教育的过程中，实现在政治思想、道德品格、

---

[1] 程晓堂，丛琳. 义务教育英语课程的育人目标及实施策略 [J]. 中小学外语教学（小学篇），2022，45（6）：1-7.

[2] 韩宝成. 整体外语教育及其核心理念 [J]. 外语教学，2018，39（2）：52-56.

情感态度、责任担当、做人做事等方面应达成的英语课程育人目标。

（一）理想信念教育

这部分以了解时代精神突出的革命英雄人物或时代楷模为主，德育目标为引导学生继承革命传统，不断树立为共产主义远大理想和中国特色社会主义共同理想而奋斗的信念和信心，立志成为有理想、有本领、有担当的时代新人。如可结合学情，利用教材中的Famous People（名人）、Jobs（职业）、Sports and Games（运动与游戏）等话题，补充不同题材、体裁的阅读材料，让学生深入体会革命志士以及广大群众为民族解放事业英勇奋斗、百折不挠的革命精神和伟大人格；阅读时代楷模的简介和成就，感受他们的成长和经历，了解我国和其他国家著名人物对社会做出的贡献，体会崇高的爱国情怀；学习在中国特色社会主义建设过程中涌现的英雄事迹，感受其无私无畏的爱国精神；可将阅读与会话、语篇、英雄名人、普通劳动者材料结合，学习英模弘扬爱心、无私奉献的精神，培养学生的社会责任感。为学生创设恰当的情境或任务，引导学生在校园橱窗、校园刊物、校园媒体等平台，通过各种方式表达自己对理想信念的理解。

（二）社会主义核心价值观教育

这部分以体现社会主义核心价值观教育的学习内容为主，德育目标旨在引导学生在语言的感知与积累、习得与建构、表达与交流的过程中，理解并自觉践行社会主义核心价值观，正确认识个人与国家、个人与社会的关系，立志肩负起中华民族复兴的时代重任，成为具有社会责任感、创新精神和实践能力的社会主义合格建设者和可靠接班人。这部分学科德育的课程载体一般主题思想突出，时代特点鲜明。在具体教学中可以结合学情、紧密联系时代，创设情境，通过多种方式促进学生语用和思维发展，提高文明举止行为意识，陶冶个人修养，提升素质。如结合 Asking for Help（寻求帮助）、Shopping Day（购物日）、Making Contact（联系）、My Family（我的家庭）、My Friends（我的朋友）、My Neighbourhood（我的邻居）等话题内容，学习如何恰当地表达自己的思想、如何与不同人进行交流、如何与同伴交往、如何建立信任和友谊，做到自尊自律，文明礼貌，相互尊重，友好互助，尊长爱幼，懂得感恩，提升社会责任意识，理解并自觉遵守诚信、友善的价值准则。

（三）中华优秀传统文化教育

这部分以体现中华优秀传统文化的学习内容为主，德育目标旨在培育学生对中华优秀传统文化的亲切感和感受力，初步了解中华优秀传统文化的源远流长、丰富多彩，培养学习兴趣。通过英语语言实践活动的设计，引导学生在学习语言的同时增进对中华文化的认识，养成孝老敬亲、礼貌待人、勤俭节约、吃苦耐劳、言行一致等传统美德，体认中华优秀传统文化，培养对国家、民族的感情。如结合教材中的 Countries（国家）、In China（在中国）、Cities（城市）、Happy Holidays（快乐假期）、Special Days（特殊日子）、Famous People（名人）等相关话题内容，适当补充经典篇目、人文典故、基本常识、科技成就、艺术与特色技能、其他文化遗产等各类载体的阅读语篇，引导学生了解中华民族重要历史人物、传统节日、节气与风俗、发明发现、特色技艺等，拓宽民族文化学习途径，增进对中华文化核心思想理念和中华人文精神的认识和理解，深切感悟精神内涵，体会其中蕴含的思想方法，感悟中华民族智慧与创造，培养学生勇于探索、自强不息的精神，坚定文化自信，增强民族自豪感。

（四）生态文明教育

这部分以体现生态文明教育的自然科学和社会科学的学习内容为主，德育目标旨在引导学生增强生态意识，完善生态文明行为，树立尊重自然、顺应自然、保护自然的发展理念，形成与自然和谐发展的意识，增强保护环境的自觉性，养成勤俭节约、低碳环保、自觉劳动的生活习惯，形成健康文明的生活方式。如利用教材中的 Animals（动物）、Pets（宠物）、Animal World（动物世界）、Nature and Culture（自然与人文）、Transportation（交通方式）等相关话题，补充不同题材、体裁的阅读材料，引导学生了解基本的环境保护行为规范，加强环境保护的意识；学生结合语言学习，动手制作保护自然的英文海报、科普作品等，宣传尊重自然、顺应自然、保护自然的发展理念，培养良好的行为习惯；利用教材中的 Chores（家务劳动）等相关话题内容或补充材料，帮助学生树立爱劳动的思想，增强劳动、健康、安全意识。结合综合实践课，如动手做沙拉、粽子、清洗碗盘茶杯、叠衣服、洗袜子、旧物改造、做灯笼、写灯谜等学习劳动技能、学习科学做家务的方法、制定家务劳动计划等，养成勤俭节约、低碳环保、自觉劳动的生活习惯，形成健康文明的生活方式。

（五）心理健康教育

这部分以体现心理健康教育的学习内容为主。德育目标旨在引导学生理解生命意义和人生价值；具有安全意识与自我保护能力；掌握适合自身的运动方法和技能，养成健康文明的行为习惯和生活方式；具有积极的心理品质，自信自爱，坚韧乐观；有自制力，能调节和管理自己的情绪，具有抗挫折能力；正确认识与评估自我；依据自身个性和潜质选择适合的发展方向；合理分配和使用时间与精力；具有达成目标的持续行动力等。如利用教材中的 Sports and Games（运动与游戏）等相关话题中的词汇、对话、语篇等加强体育知识普及，补充有关健康生活、自我管理和珍爱生命的资源；利用教材中的 Feelings（感觉）等相关话题，补充不同题材、体裁的阅读材料，引导学生正确认识自我，学会克服自卑，寻找自信的方法；学会恰当、正确地体验情绪、表达情绪、管理情绪，乐观面对生活；增强人际交往能力，学会合作，学会互助，善于倾听，与他人友好相处、互尊互爱、理解包容；鼓励学生用英语表达自己内心的真实想法、真情实感，培育科学理性精神。

（六）国际理解教育

这部分以体现国际理解教育的学习内容为主。德育目标旨在引导学生了解人类文明进程和世界发展动态，尊重世界文化的多样性和差异性，培养学生的全球意识和开放心态，积极参与跨文化交流，学会客观、理性看待世界，关注人类面临的全球性挑战，树立人类命运共同体意识。结合教材 Special Days（特殊日子）、Happy Holidays（快乐假期）、Cities（城市）、Countries（国家）、In China（在中国）、Around the World（全世界）、Food（食物）等相关话题的学习，整合课内外优质资源，帮助学生了解包括中国在内的不同国家和民族的风俗习惯、地貌、重要的节假日、饮食、语言、首都、国旗、标志物、艺术、体育运动等；通过比较中外文化的异同，使其理解多元文化和多元价值，增加国际理解，拓展视野，接受跨文化教育，感受文化魅力，加强国际交流沟通；通过开展世界文化教育与国际礼仪教育等英语综合实践活动，让学生在活动过程中了解多元文化，培育学生国际视野；通过互联网的运用，拓宽学生认知和实践的边界，营造国际理解教育环境。

二、创设真实情境，探究主题意义，发挥学科育人功能

《义务教育课程方案（2022年版）》强调，"加强课程内容与学生经验、社会生活的联系，强化学科内知识整合……注重培养学生在真实情境中综合运用知识解决问题的能力"。"语言的使用都是在生活情境中发生和发展的，为了使学生感知学习和使用语言的真实感、现实感和需求感，教师要为学生创设贴近他们生活经验的情境"。[1] 实施学科德育，要创设真实情境，在情境中发挥学科育人功能。设置情境的目的是引导学生在真实情境中应用知识技能解决问题，感受到学习的乐趣和意义，将学习与做事做人相关联，将学校学习与社会生活、社会实践相关联。首先，创设的情境要与知识学习关联，与教学内容匹配，有正确价值导向，围绕语篇的主题意义，抓取学生在该主题学习方面的生活经验，以此作为内容设计的起点；其次，以终为始，从期待学生达成的认知和情感目标入手，把握探究意义和解决问题的主线，选取真实的情境素材，以语言为载体，设计学习内容。好的情境素材能够吸引学生主动学习，能够引发学生的认知冲突、挑战学生的认识角度，能够针对学生的认识障碍丰富学生的认识思路、帮助学生掌握认识方法等[2]；最后，要依据学生身心发展

[1] 王蔷.促进英语教学方式转变的三个关键词："情境""问题"与"活动"[J].基础教育课程，2016（5）：45-50.
[2] 刘月霞，郭华.深度学习：走向核心素养[M].北京：教育科学出版社，2018.

特点、认知水平、语言能力，搭建合适的语言支架，构建真实的语言表达氛围，让每位学生都有话可说、有话想说、有话能说，引导学生在生活中学习，在学习中思考，在思考中进行价值判断，树立正确的价值观念。

三、创设挑战性任务，促进深度学习，增强实践育人成效

通过创设挑战性任务促进深度学习，是培育核心素养的有效教学策略之一。实施学科德育要注意通过挑战性任务等新型学习方式来落实其德育价值。要注意在真实情境中引发学生的认知冲突，把陈述性的知识转化为可讨论、可探究的问题。挑战性的学习任务要突出可探究性、思辨性、问题解决方法多样性等特点，教师还要通过设计学习支架、提供资源支持，引领学生持续深入参与学习活动。[1]

学生的道德发展是知行合一的过程，在探究新问题、完成新任务的过程中，学生的思维更加活跃，体验更加真实，领悟也更加深刻。学生的精神成长过程始终伴随着人与人之间、人与环境之间的深层互动，在这种深层互动的过程中，学生不断做出行为选择与价值判断。挑战性任务是一种具有高水平认知需求的学科任务，它可以是一个独立任务，也可以是多个小任务；可以是学科内任务，也可以是跨学科整合任务；可以是实践为主的操作类任务，也可以是认知为主的问题链等其他形式的任务。有效的学习不应是学生在现有基础上的原地踏步，而应是学生在现有基础上，在一定的任务情境下实现的知识、技能、方法、情感、态度、价值观等多方位的自我建构和自我成长。有效的挑战性任务能引发认知冲突或价值冲突，提升高阶思维，促进知识向能力和素养的转化。

四、发挥"评价即育人"的功能，促进学生全面发展

在新课标"教—学—评"一致性理念指导下，充分发挥"评价即育人"的功能。在日常的英语教学中，教师要把学生素养发展水平作为评价的目标和依据，把课程内容要求和学业质量标准有机融入教与学的体系中。评价内容除了关注学生语言知识和技能发展以外，还应关注学生综合语言运用能力的发展过程，以及学生在学习过程中情感态度、价值观念、学习策略等方面的发展和变化，既关注过程，又关注结果。

在实施评价的过程中，教师要使用多种方式，拓宽学生的成长空间，为学生的学习与发展提供更多路径。通过观察、提问、追问，以及合理科学的测试等多样化的方式，收集学生学习是否真正发生的证据，包括理解了什么、能表达什么、会做什么，以及是否形成了正确的价值观等。及时诊断学生在学习过程中的问题，根据需要提供必要支持和及时反

---

[1] 申军红，赵岩.学科育人：学科教学的核心任务[J].基础教育课程，2021（8）：4-9.

馈，帮助学生达成预设的教学目标。教师可将评价活动融入任务单，关注学生的行为和对每个细节、环节采取的态度，借助任务单或评价单支持学生参与学习、记录学生学习的过程，以评价促发展。此外，评价过程尽可能保证评价主体多元化，既要有教师评价，也应有学生间的评价和学生的自我评价，还可以邀请家长参与评价。评价形式也可以多样化，采用贴近学生生活和教学活动的评价方式，形成性与终结性、正式与非正式相结合。新课标倡导的评价方法还应在更加尊重学生个体差异性和发展多样性的基础上，开展多角度、全方位的课堂评价，引导学生在自我反思中进行自我重建，真正促进与实现学生的个性发展，落实英语课程育人目标。

五、构建和谐师生关系，营造良好育人环境

在日常交往过程中，师生关系具有重要的"育人"价值。师生关系中的需求、爱好、趣味，师生相处中的尊重、宽容、公正、平等等价值取向自然刺激和影响着学生的心理情感定向和认知思维发展。模仿是学生行为习惯和品德养成的重要方式。相比其他的教学手段，教师的榜样示范作用对学生的影响更直接、更深远。不论教师主观上是否有意识，教师的一言一行都直接影响着学生的成长。在师生交往过程中，教师是否带着关心，并且以尊重、平等的眼光和视角处理教学中的问题，并与学生之间形成关心而公正、真诚而平等的师生交往关系，师生之间是否呈现出坦诚、平等、互相尊重与信任的交往互动关系以及信赖、责任、惬意等积极的生命状态等，也是涵养学生在人际交往中的价值观，并使其形成一定的道德品质的重要契机和途径。发于真情的师生关系中蕴藏着丰富的积极价值观，是无形的道德教育力量。[1] 教师在教学中要构建和谐师生关系，营造良好的课堂氛围。不要过分把持话语权，过分执着于教学预设，过分关注标准答案；要突出学生主体地位，与学生平等交流；要创设各种合作学习活动，促使学生互相学习，互相帮助，体验集体荣誉感和成就感，发展合作精神，建立融洽的师生交流渠道，这样才能营造出宽松、民主、和谐的教学氛围。[2]

总之，学科教学中的德育不是贴标签，不是教学中的某个环节，而是要与学科教学融为一体，丰富学生的认知世界，提升学生的人文素养。这也是由英语课程工具性和人文性的双重性质决定的。学科教学与德育相融共生，德育要体现在每节课教学结构的各个方面，贯穿教学的全过程。学生良好品德和行为的形成需要长期体验并逐渐内化，不是在一节课中通过简单的说教就能实现的。

---

[1] 朱小蔓，王平. 从情感教育视角看教师如何育人——对落实《中小学德育工作指南》的思考 [J]. 中国教育学刊，2018（3）：83-88.

[2] 闫赤兵. 在小学英语课程中开展学科德育的思考 [J]. 中小学外语教学：下半月，2015，38（9）：6-10.

学科育人目标达成的基础和前提是教师教学价值观的改变。为了落实育人目标，教师必须时刻心怀育人意识。育人意识决定育人能力和实际育人行为，教师育人意识的养成有赖于对课程价值的了解、对课程育人理念的认同以及对课程育人理想的追求。[1] 教师只有将育人目标内化于心，才能够发现、挖掘教学内容的育人价值，促成育人目标的实现。每位英语教师都是学科德育的实践者和研究者，要不断提高自身的道德修养和教学基本功，充分把握学科德育的本质与内涵，才能真正在每一节学科课堂上实现课程育人。

第三节　学科德育典型课例

基 本 信 息

教师姓名	许祎玮	学　　校	北京师范大学实验小学
教学年级	三年级	教科书版本及章节	人教版《英语（一年级起点）》三上 Unit 6 Birthdays Lesson 4

一、单元教学设计

单元学习主题	Birthdays: Much Fun and Many Thanks 乐享生日，回馈感恩

（一）单元教学内容分析

《义务教育英语课程标准（2011 年版）》指出英语课程具有工具性和人文性双重性质，承担着提高学生综合人文素养的任务。学生通过英语课程能够形成良好的品格和正确的人生观与价值观。工具性和人文性统一的英语课程有利于为学生的终身发展奠定基础。因此，教师有必要在教学中关注课程的人文性，关注学生良好品格和正确人生观、价值观的发展，使英语课堂为学生的终身发展奠基。

本课例教学内容选自人民教育出版社《英语（一年级起点）》三年级上册 Unit 6 Birthdays，通过谈论生日话题，学习 12 个月份的相关英文词汇和 When is your birthday? My birthday is in/on... 等核心句型。

从主题意义角度来审视这一话题，生日是一个与学生生活息息相关的话题，是隶属于

---

[1]　程晓堂 . 义务教育课程标准（2022 年版）课例式解读　小学英语 [M].北京：教育科学出版社，2022：36.

"人与自我"主题语境下的一个内容。任何一个人的生日，对自己和家人、朋友都有着特别的意义。首先，生日是一个人来到这个世界的日子，从这一天开始，他开启了探索世界的旅程。以后的每年生日，人们都会反思自己的成长和设立新的目标，努力为自己和他人带来幸福。同时，一个人的生日对家人和朋友来说也是一个特别的存在。在这个特别的日子与亲朋好友在一起庆祝成为一份最美好的礼物。这个时刻正是因为有了家人和朋友的参与，才显得弥足珍贵。尤其对孩子来说，家人朋友的陪伴和一系列的庆祝活动都使他们在这一天感受到无限快乐。此外，生日也是应该感恩父母的亲情和朋友的友情的日子，记住一个人的生日代表了对他的爱与重视，精心准备一份代表心意的礼物更能为人们带去温暖。谈论生日这一话题充满了反思生命价值、分享快乐、感恩等意义。教师可以在教材原设计的基础上充分利用教材，调整教材，帮助学生深度理解生日的意义。

从三年级学生的身心特点来看，生日对孩子来说首先是一个特别的日子，是一个开心的日子，是与家人朋友共同分享快乐的日子，这一部分是学生理解和体会得较好的地方。然而8~9岁的儿童在心理方面还有一定的自我中心倾向，可能在主动关注家人、朋友的生日方面还有提升空间，就如何向家人朋友表达生日祝福、如何正确认识生日聚会和生日庆祝活动方面还可以再加深理解。

经过以上思考与分析，意图拟定本单元的主题为 Birthdays: Much Fun and Many Thanks，通过本单元的教学使学生认识到生日是一个与家人、朋友一同分享快乐的日子，赠予礼物、写贺卡、做游戏都会带来开心与幸福。而这一天的开心体验，以及生命中的一切开心和幸福，都应该感谢家人与朋友的守护，因此朋友和家人的生日也是一个特别有意义的日子，应该主动去记得，主动为他们带来惊喜和快乐，让他们感到幸福，这些都需要用具体的行动来实现。爱是蕴含在以上一系列意义背后的抽象名词，是学生在学习中的隐性体验，当他们在生日庆祝活动中感受到开心与乐趣，知道自己的行动带给他人同样的开心与幸福时，就感知与给予了爱。

（二）课时设计与调整

在主题 Birthdays: Much Fun and Many Thanks 引领下，教师设计了五个课时的教学来帮助学生由浅入深感受生日庆祝活动中的快乐与幸福，引导学生通过实际行动对家人朋友的关心表达感恩，详见表 7-2。

表 7-2　教学设计

课时	课　题	意义、语言与活动
1	Do you know my birthday?（对应教材第 1~2 课时）	通过询问他人的生日、说出自己的生日，共同完成班级生日布告栏，了解同学的生日，理解生日对每个人来说都是特别的日子。

续表

课时	课　题	意义、语言与活动
2	Come to my birthday party!（对应教材第 3 课时）	通过学习制作生日会邀请卡，了解举办生日会的几个要素（时间、地点、活动、食物等），感受生日会的快乐氛围，感恩家人对生日会的付出。
3	Fun Birthday Party Ideas（对应教材第 3 课时）	在第 2 课时基础上进一步对"趣味生日会"展开探讨，评选最棒的生日企划。学生可以根据自己生日所在季节、天气、自身爱好等要素发挥创意，为生日会注入更多有意义和有趣的元素，让自己和朋友在生日会上享受更多快乐。
4	Birthday Surprises for My Family（对应 Let's check）	引导学生记录自己家人的生日，并为家人设计生日惊喜，将对家人的感恩内化于心，外化于行。
5	Happy Birthday, Moon（替换单元故事）	阅读经典绘本（*Happy Birthday, Moon*），体会其中蕴含的真挚情感，感受主人公单纯美好的性格，认识到最好的生日礼物是真诚的关心与爱。

（三）单元教学目标及重难点

1. 学习目标

（1）能够听懂并且会说表示 12 个月份的英文单词和用来询问他人生日所在月份的功能句 When is your birthday? It is in/on...，并能在恰当的语境中运用词句进行交流。

（2）能够读懂生日会邀请卡，发挥创意设计有趣的生日会活动，并根据自己的设计仿照范例制作生日会邀请卡。

（3）能够读懂与主题相关的短文，仿照短文为家人设计生日惊喜，以此向家人表达感恩之情。

（4）能够读懂与主题相关的配图小故事，理解故事中蕴含的情感，带着感情朗读故事。

（5）能够积极参与课堂上的各项活动，并能与同伴合作完成各项活动。

2. 学习重点

（1）能够听懂并且会说表示 12 个月份的单词和用来询问他人生日所在月份的功能句。

（2）在阅读活动中理解、体验生日庆祝活动的愉悦，并以多种形式表达对家人与朋友的感恩与爱。

3. 学习难点

（1）12 个月份单词的发音与书写，以及答句 It is in/on... 中介词的正确使用。

（2）在设计生日会活动、生日惊喜时，能够充分发挥创造力，设计合理，表达具有逻辑性。

二、课时教学设计

课题	探索阅读策略 加深主题理解 落实学科育人——三上 Unit 6 Birthdays Lesson 4 教学设计		
课型	词句新授课 □ 学科融合课 □	阅读课 ✓ 故事 / 绘本课 □	语音课 □ 其他 □

（一）教学内容分析

本课阅读内容选自单元 Let's check 板块。教材原设计为一项读写练习，主人公 Bill 介绍了一家人的生日，书写任务为获取信息、记录 Bill 家人生日所在月份。此项内容对单元知识进行了综合性的复习和检测，同时也引导学生关注家人生日，但后者的体现不够明显，容易被学习者忽略。这部分阅读材料偏重于语言知识的学习，对育人价值的探讨还有挖掘空间，教师可以在原文本的基础上进行调整，突出阅读材料隐含的育人价值，力图更好地实践学科育人这一原则，促进学生发展。

（二）学生情况分析

授课对象为三年级学生，年龄多为 8~9 岁，正处于具体运算阶段，此时的儿童思维仍会表现出自我中心倾向。具体到生日这一话题来说，他们可能更加关注自己的生日，以及自己在生日当天的感受，而忽略家人、朋友的生日及他人的感受。针对这一思考，我对任教班级的学生（共 37 人）展开了与话题相关的调查，了解了班级学生对父母生日的关注度、收到生日礼物和为父母准备生日礼物的情况等，以下为主要的调查结果（见图 7-1～图 7-3）及分析。

1. 你是否知道自己和父母生日

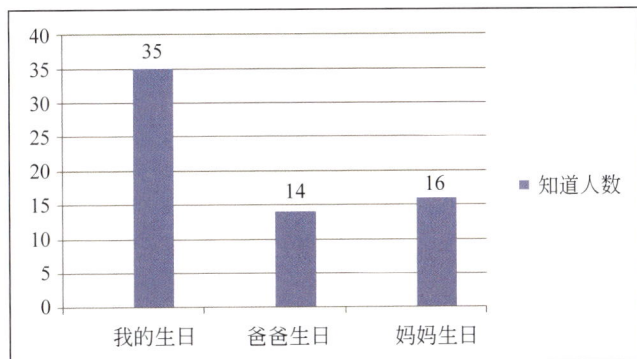

图 7-1　是否知道自己和父母生日

分析：根据图 7-1，孩子对爸爸妈妈生日的认知度均低于 50%，说明班级中绝大多数孩子不知道父母的生日日期。原因可能是孩子们还处于自我中心阶段，对他人关注度不高。但父母是一个人生命中极为重要的人，珍视家庭、孝敬父母是中国文化提倡的价值取向。因此，教师有必要引导学生关注家人生日，并做出力所能及的情感表达和行为，增进家人的沟通与幸福感。

2. 上一个生日你是否收到了生日礼物

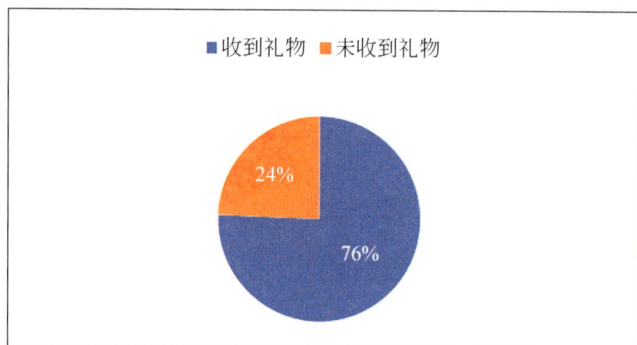

图 7-2　是否收到生日礼物

分析：根据图 7-2，绝大多数学生在上一个生日都收到了他人的礼物，进一步访谈发现礼物以学具、玩具等实用型礼物为主，也有学生收到较为昂贵的手机，或者与自己喜好有关的小礼物。结果证明绝大多数学生的家庭都会通过赠送生日礼物的方式庆祝孩子的生日，向他们表示祝福。赠送生日礼物是家庭较为主流的生日庆祝方式。

3. 父母上一个生日你是否送了父母礼物

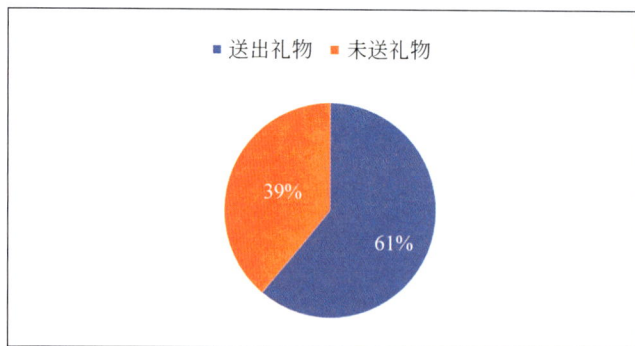

图 7-3　是否送了父母生日礼物

分析：根据图 7-3，超过半数的孩子为父母赠送过礼物。经后续访谈发现，学生送给父母的礼物有自制礼物、书籍等，说明学生能够尽己所能对家人表示关心和爱。更有同学的礼物立足于对父母的细微观察，饱含着对父母的爱。如一位女同学在描述其送父母礼物的内容和原因时这样说道："我爸爸的生日在冬天，他早上出门不爱戴围巾，总是缩着脖子，很冷的样子，我给他买了一条围巾，他不怕冷了，天天都戴。"孩子的真实表达和真挚情感也给了教师很多启发，可以纳入这样更有"人情味儿"的教学内容，引导有这方面经验的学生分享经验，使更多的学生在家长生日时积极表达情感和做出积极行为。

令人不解的是，此部分结果与第一题结果有一些矛盾，为了了解为何知道父母生日的学生不到半数，送家长礼物的学生却超过了半数，我进一步对学生进行了访谈。结论是孩子们虽然不知道父母生日的具体时间，但生日当日家庭有庆祝活动使他们得到了提示，他们赠送了手边易得的小礼物。也有学生由于年龄较小，只在临近家人生日的时候经由家人的准备活动，得知父母生日即将到来，准备了小礼物，事后又出现了遗忘现象，导致回忆不出具体的日期。可见绝大多数学生对于父母生日的认知不够清晰，礼物的准备比较随机。由此，教师也可以引导学生记住父母的生日，增强为家人庆生的计划性，并在赠送礼物时融入更多的创意与思考，更好地表达对父母的感情。

（三）教学内容调整

综上分析，我对该部分的阅读内容进行了扩充，在原有内容基础上进一步加入了 Bill 精心为父母准备"生日惊喜"的情节，加强文本的育人价值。以主人公 Bill 的行为作为示范，引导学生了解并记住父母的生日，并精心设计"生日惊喜"，表达对家人的爱与感恩。文本的呈现设计为配图小书形式，通过图片促进学生对文本的理解。文本中 Bill 策划的"生日惊喜"突出了对家人的细心观察和真诚的爱，学生可以在阅读过程中产生共鸣，并模仿主人公的积极行为，为自己的家人策划生日惊喜，将对家人的爱转化为行为。

（四）课时教学目标及重难点

1. 学习目标

（1）能够读懂 Bill 为家人庆祝生日计划的小书，提取关键信息，概括表达。

（2）能完成活动单，并借助活动单使用 My mom's/dad's birthday is on... I am going to... 等句型谈论家人生日时间及自己为家人准备的生日惊喜。

（3）能积极构想向家人表达心意的礼物计划，准备"生日惊喜"。

（4）在阅读过程中借助主题句预测文段主旨内容，体会主题句与语篇内容的"总—分"关系。

2. 学习重点

（1）Bill 为家人庆祝生日制作的小书。

（2）表述自己家人的生日日期及自己设计的生日惊喜。

3. 学习难点

能够借助活动单谈论家人生日时间及自己设计的"生日惊喜"。

（五）教学流程图（见图7-4）

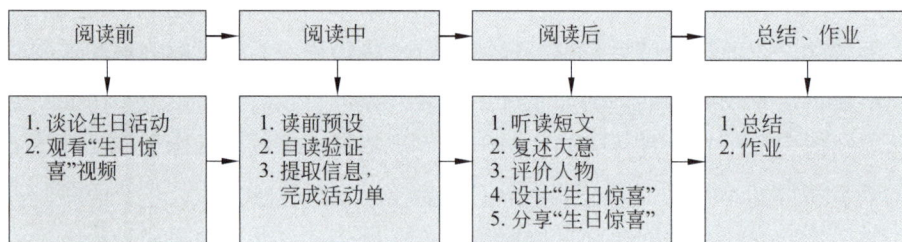

图7-4　教学流程

（六）学习评价设计

1. 课堂过程性评价

在课堂上，教师通过观察、提问、交流等方式，判断教学目标是否达成，通过言语、表情、动作鼓励和引导学生达成教学目标。评价标准见表7-3。

表7-3　过程性评价

学 习 表 现	评价等级
能够积极参与阅读和课堂交流，在阅读文本过程中，准确提取信息，理解主人公为家人准备"生日惊喜"的内容、原因，同时感受这些行为背后蕴含的主人公对家人深深的爱。能够在文本阅读基础上联系自我，通过设计"生日惊喜"表达自己对家人的爱，"生日惊喜"的设计立足于对家人的观察与了解，饱含情感、富有创意，语言表述逻辑清晰、达意、语言准确。	A
能够积极参与阅读和课堂交流，在阅读文本过程中，能够准确提取信息，理解主人公为家人准备"生日惊喜"的内容、原因，同时感受这些行为背后蕴含的积极情感。能够在文本阅读基础上联系自我，"生日惊喜"的设计立足于对家人的观察与了解，语言表述逻辑较为清晰、达意，语言较为准确。	B
能够积极参与阅读和课堂交流，在阅读文本过程中，能够提取多数信息，理解主人公为家人准备"生日惊喜"的内容、原因，能感受这些行为背后蕴含的积极情感。能够为家人设计一个"生日惊喜"，语言表述基本达意，语言基本准确。	C
在阅读文本过程中，只能提取极少信息，理解文本有偏差。无法描述为家人设计的"生日惊喜"，或无法完成任务。	D

2. 课堂结果性评价

教师引导学生完成生日小书后面的活动单，用英文正确填写主人公 Bill 为家人准备的

"生日惊喜"，并以绘画的方式为自己的一位或几位家人设计"生日惊喜"，并用英文简单标注。评价标准见表 7-4。

表 7-4 结果性评价

作 业 表 现	评价等级
能准确获取信息，在活动单中正确填写相关信息。能够为家人设计适当的"生日惊喜"，并能用图画描绘和用英语单词或短语标识图片内容，语言达意、准确。	A
能准确获取信息，在活动单中正确填写相关信息。能够为家人设计适当的"生日惊喜"，并能用图画表现出来，能尝试用英语单词或短语标识图片。	B
能获取信息，在活动单中正确填写大多数信息。能够为家人设计"生日惊喜"，并能用图画表现出来。	C
获取信息不够准确，为家人设计的"生日惊喜"不适当或无法完成活动单。	D

（七）教学过程

1. 阅读前（5 分钟）

（1）教师与学生就生日话题展开讨论，激活相关语言与情感（全体活动、同伴活动）

T: What do you usually do on your birthday? How do you feel?

S: I usually have a birthday party and play with my friends. I am happy on that day./...

（2）学生观看"生日惊喜"视频，理解"surprise"的内涵（全体活动）

（3）教师播放自己接受孩子送上的"生日惊喜"的视频，帮助学生理解核心词汇 surprise

T: I was extremely happy on my last birthday. Please watch a video to find out why.

T: Why did I feel so happy?

S: Your son gave you flowers.

T: Yes. And I didn't know that he would give me a gift. It is a big surprise.

（4）教师出示"surprise"词卡，教学词汇

T: Have you ever got a birthday surprise? What was it?

S: I got a ...

T: Everyone loves surprises, especially our friend, Bill. He wrote a book about it. Let's read the book together.

2. 阅读中（18 分钟）

（1）阅读题目、第 1 页，预设文本内容（全体活动、同伴活动）。

教师请学生观看 PPT，阅读题目和第 1 页，请学生预设小书（见图 7-5）将会涉及哪

些内容。教师、学生示范后，同伴两人一组交流想法。教师将学生说到的内容书写在黑板上。之后出示四条预设（见图7-6），学生用手势表达自己是否同意这些预设。

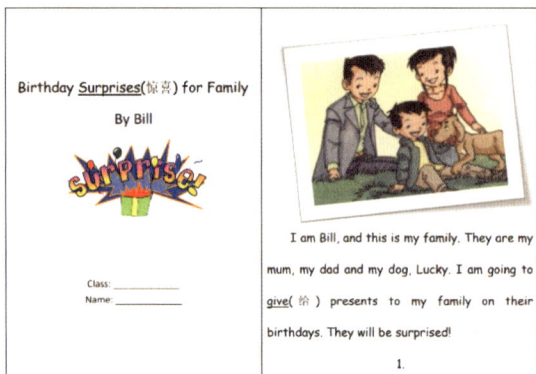

图 7-5　Bill 送给家人的"生日惊喜"小书

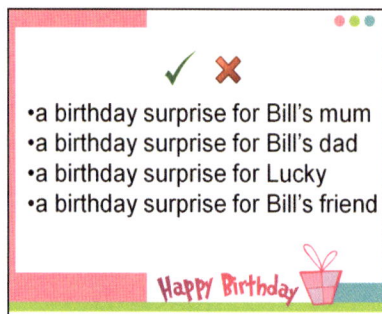

图 7-6　课堂教学 PPT 截图——读前预测

T: What will you know from the book?

T: Will you know about a birthday surprise for Bill's mum from the book?

（2）自读短文，验证预设（个体活动）。

① 学生阅读纸质小书，思考之前做出的预设是否正确。

T: Read the book and find out whether these predictions are correct or not.

② 学生阅读后，教师就之前的预设引导学生进行比对和交流。

T: Please look at the predictions. Which one is confirmed?

（3）自读小书，圈出重要信息，完成活动单（个体活动、全体活动）。

① 教师示范（全体活动）。

教师以第 2 页（妈妈的生日）为例，与学生共读段落，圈出重要信息，并在活动单（见图 7-7 和图 7-8）上圈出相应信息。

② 学生自读小书第 3~5 页，完成活动单（个体活动）。

学生再读小书第 3~5 页，在活动单中圈出 Bill 家人的生日及 Bill 为他们准备的惊喜。之后，师生交流并在黑板上完成板书（见图 7-9）。

在谈及 Lucky 的生日时，教师展示松果作为圣诞元素的各种图片（松果圣诞花环、松果圣诞树、松果装饰等），帮助学生了解松果经常被用作为圣诞装饰这一文化点（见图 7-10）。

③ 师生交流，订正答案（同伴活动、全体活动）。

针对开放式结尾，请学生讨论，尝试做出推论并给出理由。

T: Is there going to be a surprise for Bill? Why or why not?

图 7-7　活动单 1

Family	Birthdays	Surprises
Bill's mum	**April** S M T W T F S 1 2 3 4 5 6 7 8 9 10 11 12 13 14 15 16 17 18 19 20 21 22 23 24 25 26 27 28 29 30	cake sandwich
Bill's dad	**July** S M T W T F S 1 2 3 4 5 6 7 8 9 10 11 12 13 14 15 16 17 18 19 20 21 22 23 24 25 26 27 28 29 30 31	ice cream T-shirt
Lucky	**December** S M T W T F S 1 2 3 4 5 6 7 8 9 10 11 12 13 14 15 16 17 18 19 20 21 22 23 24 25 26 27 28 29 30 31	pinecone ball

图 7-7　活动单 1

图 7-8　活动单 2

1. Read and circle. 读一读，圈一圈。

Family	Birthdays	Surprises
Bill's mum	**April** S M T W T F S 1 2 3 4 5 6 7 8 9 10 11 12 13 14 15 16 17 18 19 20 (21) 22 23 24 25 26 27 28 29 30	cake (sandwich)
Bill's dad	**July** S M T W T F S 1 2 3 4 5 6 7 8 9 10 11 12 13 14 15 16 17 18 19 20 21 22 23 24 25 26 27 28 29 30 31	ice cream T-shirt
Lucky	**December** S M T W T F S 1 2 3 4 5 6 7 8 9 10 11 12 13 14 15 16 17 18 19 20 21 22 23 24 25 26 27 28 29 30 31	pinecone ball

图 7-8　活动单 2

Birthday Surprises for My Family

① Bill is going to give presents to his family.

② April 21st — make a sandwich

③ July 12th — buy an ice-cream

④ December 25th — find a pinecone

⑤ October 31st — ?

图 7-9　板书——短文信息梳理

Why does Bill want to find Lucky a pinecone?

Pinecone Christmas Trees

PINE CONE

图 7-10　课堂教学 PPT 截图——文化理解

3. 阅读后（15 分钟）

（1）听录音，朗读小书（全体活动、同伴活动）。

教师引导学生听录音，之后两人一组，各自朗读自己最喜欢的一页内容。

（2）根据板书，复述小书内容（全体活动）。

教师引导学生观察板书，请学生与教师共同复述，熟悉文本结构和主要内容。

（3）评价"生日惊喜"（同伴活动、集体活动）。

学生评价 Bill 为家人准备的"生日惊喜"，选出自己比较喜欢的一个或几个惊喜，并谈谈自己喜爱这个惊喜的理由，在过程中理解 Bill 对家人的爱，思考如何精心设计礼物。教师可以根据学生的回答适当提炼出动手、动脑等准备"生日惊喜"的要点。

T: Which surprise do you like best? Why?

S: I like the surprise for mum because Bill will make it with his own hands. It will be a special present.

S: ...

（4）为家人设计"生日惊喜"。

① 教师示范设计"生日惊喜"（全体活动）。

教师示范：教师说明自己通过认真观察与仔细思考，为孩子准备了乐高玩具作为生日惊喜。

T: I want to give my son a gift as a birthday surprise. I know that he likes Legos very much. I am going to buy a box of Legos for him. I will put it in his school bag secretly. He will be surprised when he finds it.

② 安静思考 1 分钟（个体活动）。

教师请学生安静 1 分钟，思考自己准备给家人准备什么礼物。之后请部分同学分享自己的初步思考。

③ 提供拓展范例（集体活动）。

教师通过 PPT 呈现学生以往送给家长的生日礼物图片及更多创意礼物图片（见图 7-11），为尚未想出"生日惊喜"的同学提供参考。

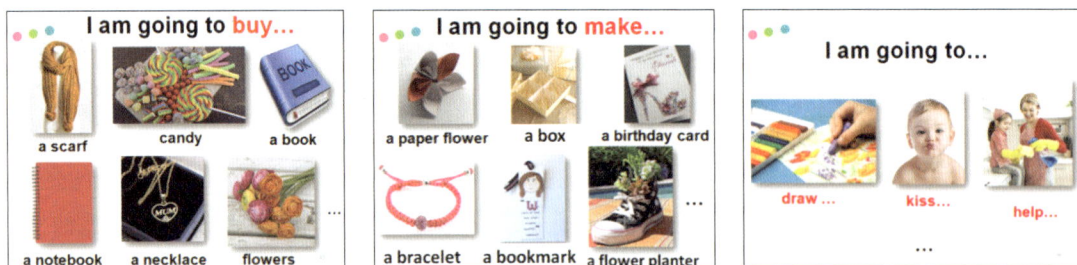

图 7-11　课堂教学 PPT 截图——创意"生日惊喜"示例

④ 学生完成活动单（个体活动）。

学生将父母的生日用英文填写在活动单上，并将自己设计的"生日惊喜"画在活动单上，能力强的同学可以进一步写出英文。

⑤ 分享"生日惊喜"（同伴活动、全体活动）。

学生借助活动单与同伴分享自己为家人设计的"生日惊喜"。之后与全班分享。

S: My mum's/ dad's /... birthday is on... I am going to...

4. 总结与作业（2分钟）

（1）总结

师生根据板书总结所学，请学生思考是否会将计划告诉家人，再次体会 surprise 的含义。

T: Today we planned birthday surprises for our family. Are you going to tell your family that you want to give them something?

T: Please don't tell them because it is a surprise. But please put it into practice.

（2）作业

① 朗读小书。

② 完成活动单，为所有的家人设计一个"生日惊喜"。

（八）板书设计（见图 7-12）

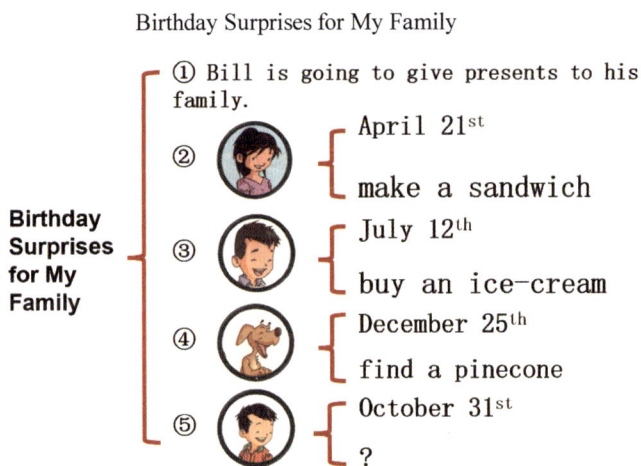

图 7-12　板书设计

（九）教学反思与改进

1. 教学反思

1）扎根人文性，立足工具性

本课对教材原内容进行了调整，体现英语课程对人文性的关注。改编文本建立在对学生进行深入了解和调查的基础上，找到学生身上的闪光点，通过课堂放大这些闪光点，使更多的学生能够理解、学习与实践，为学生的发展奠基。文本内容的改编同时关注了英语课程的工具性，调整过程中关注学生的最近发展区，对用到的语言反复斟酌，使学生"跳一跳，够得着"，学生在阅读中可以做到理解，在阅读后可以做到适当表达。学生学习的语言是体现人文性的语言，英语作为工具是学生展现情感、态度、价值观发展情况的手段，本课力图体现二者的统一，做到学科育人。

2）内化于心，外化于行

本课力图做到对于学生的德育不仅要"内化于心"，更要"外化于行"，鼓励学生知行合一，诱发更多的道德行为出现。本课从文本出发，学生通过阅读对主人公 Bill 的行为和背后的原因进行深入剖析和评价，在对 Bill 的思想和行为达成认同后，进一步通过观看教师示范，自主思考完成读后任务——设计"生日惊喜"并付诸行动，逐步模仿优秀的行为，积累积极的情感体验。

3）学生主体，教师主导

课堂中教师尝试给予学生足够的指导，帮助学生完成任务，体验成功。教师在板书部分采用了思维图示呈现文本结构，促进学生的整体理解，帮助他们概括大意。同时学生材料——*Birthday Surprises for My Family* 小书也设计了有关阅读理解的检测，使教师更好地了解和把控学习过程。此外，教师也通过小书进一步为学生搭建表达的"脚手架"，使学生能够通过绘画、写出关键词等方式初步表达想法，为语言输出提供支持。教师提供的支持与指导主要是为了促进学生与文本的积极互动和后续的自主表达，体现了对学生主体性的尊重。

2. 教学改进

1）时间分配

本课内容设计充实，但时间分配不够理想，阅读部分显得拖沓，占用了学生自主表达的时间。教师可以更关注时间的分配，为读后活动预留充分的时间，使学生更充分地表达。

2）后续追踪

基于第一点问题，教师需要对学生后续完成小书的情况和是否将"生日惊喜"的设计落实为具体行为做进一步的追踪，通过后续的真实分享，进一步促进学生将所学落实于行动。

教研员点评

许祎玮老师执教的这节课围绕"Birthday Surprises for My Family"学习主题，创设为家人设计"生日惊喜"的任务情境，引导学生积极构想向家人表达心意的礼物计划，在准备"生日惊喜"的过程中表达对家人的爱与感恩，促进了学生在活动中的思维参与、情感投入及综合语言运用能力的提升。

1. 主题引领，活动教学

感恩是中华民族的传统美德。感恩教育是培养孩子责任感的重要基础。本节课基于"Birthday Surprises for My Family"（为家人设计"生日惊喜"）这一主题设计了由浅入深、层层递进的学习活动，如读前环节谈论生日活动、观看"生日惊喜"视频；读中环节阅读有关 Bill 为家人庆祝生日计划的小书，提取信息，完成活动单；读后环节评价人物、设计分享"生日惊喜"。活动主线以主人公 Bill 的行为作为示范，引导学生了解并记住父母的生日，精心设计"生日惊喜"，表达对家人的爱与感恩。本节课活动的设计充分考虑了英语作为一门语言的工具性与人文性，以活动串联学习内容，以活动驱动学习过程，以活动促进语言与思维的发展。

2. 创设情境，建构意义

情境是知识转化为素养的重要途径。语言的使用都是在生活情境中发生和发展的。在本课教学中教师充分挖掘文本内涵，以 Birthday Surprises for My Family 为主题创设教学情境，从阅读 Bill 策划的"生日惊喜"到模仿主人公的积极行为，记录自己家人的生日，再到为自己的家人策划"生日惊喜"，突出了学生对家人的细心观察和真诚的爱。课堂上，教师基于语篇主题意义，整合、重构、拓展教学材料和资源，创造性地使用教材，优化其中蕴含的德育要素，通过创设情境和搭建文本框架，帮助学生内化语言知识，感受其内隐的人文内涵和育人价值。课堂中，师生之间自然真实的对话，带给学生的不仅仅是语言的收获，更多的是对生日意义、对生命感恩的深度理解与思考，师生的精神境界悄无声息地在学习的过程中得到了提升。

3. 价值引领，学以致用

实现价值引领，学习体验至关重要。本节课从学生的"学"入手，围绕特定的交际语言和明确的活动目标，设计操作性强的任务，引导学生在参与、交流的过程中学习和掌握语言，促进其语言及思维能力得到提升。课堂中教师尝试给予学生足够的指导，帮助学生完成任务，体验成功。如通过小书进一步为学生搭建表达的"脚手架"，通过 PPT 呈现学生以往送给家长的生日礼物图片及更多创意礼物图片，为尚未想出"生日惊喜"的同学提供参考等。教师提供的支持与指导主要是为了促进学生与文本的积极互动和后续的自主表达，体现了对学生主体性的尊重。由于所学内容与学生的真实世界紧密相连，有效激活了学生内在思想、情感和经验，促使学生积极利用所学语言表达自己关于"生日惊喜"的真实想法、做法和观点。有了真实的情感体验，才能更好地产生情感共鸣，从而懂得感恩，并将感恩内化于心，外化于行。

　　总之，本节课关注了学生良好品格和正确人生观、价值观的发展，很好地体现了教书与育人的统一，培育了学生感恩的情怀，增强了学生关于感恩的体验。

评课人：樊凯　北京市海淀区教师进修学校

第八章
小学美术学科

第一节　学科德育范畴

　　根据《中小学德育工作指南》确定的五个方面的德育范畴，结合小学美术学科特点，以"X"形式建构小学美术学科特色"审美情趣教育"。主要通过发现美、欣赏美、表现美、创造美，引导学生获得以视觉为主的审美体验，陶冶学生的审美情趣，提高学生的审美意识和审美能力，培养学生创造美好生活的愿望与能力，形成小学美术学科"5+X"德育范畴，详见表8-1。

表8-1　小学美术学科德育范畴

德育范畴		内容阐释	示例
5	理想信念教育	通过在情境中赏析美术作品、经典建筑、典型设计等，体会美术家的理想信念。引导学生逐步认识中国在促进世界人类文明发展中的伟大使命，树立远大理想。引导学生树立实现中华民族伟大复兴的中国梦的远大志向，通过欣赏、表现、创造和联系/综合艺术实践活动，实现政治认同、情感认同、价值认同，培养作为中国人的民族自豪感。	人美版五年级上册"中华世纪坛"：以美术视角探索中华世纪坛，感受中华世纪坛的传统与现代结合之美，体会设计的象征性以及中国人民勇于探索的创新精神，领会中华民族伟大复兴的中国梦的意义，树立为实现中华民族伟大复兴而奋斗的理想。
	社会主义核心价值观教育	通过艺术实践，让学生了解家乡和祖国的发展、风土人情和名胜古迹等，培养爱家乡、爱祖国的情感。培养学生学习他人长处、认真做事的习惯和集体主义精神。把国家层面的价值目标、社会层面的价值取向、个人层面的价值准则，渗透到小学美术学科教与学活动中，引导学生将社会主义核心价值观内化于心、外显于行。	人美版五年级下册"文化大都市——北京"：通过走进社会调查研究，以绘画、摄影、视频等形式记录北京文化，了解北京是我国政治文化中心和世界级大都市，体会国家的富强、民主、文明、和谐，立志做诚信人、友善人，养成爱北京、爱祖国的情感。

续表

德育范畴	内容阐释	示　例
5 中华优秀传统文化教育	以中华优秀传统文化为主题，通过对国画、剪纸、面塑、风筝、泥塑等不同艺术形式的学习，更加全面准确地认识中华民族的悠久历史、博大精深的文化和丰富多彩的艺术。涵养学生的家国情怀，不断树立为共产主义远大理想和中国特色社会主义共同理想而奋斗的信念和信心，自觉成为德智体美劳全面发展的社会主义建设者和接班人。 了解家乡的生活习俗及其意义，体验中华民族重要的传统节日，明白自己是中华民族的一员，知道重要传统节日的文化内涵和家乡生活习俗的变迁，尝试用美术作品表现家乡、赞美家乡，树立远大理想，热爱并继承中华优秀传统文化，不断提高文化自信心和创造力，努力为共产主义理想与社会主义建设积蓄力量。	人美版二年级上册"农民画中的节日"：通过赏析农民画，了解各民族的特色节日及节日习俗，对各民族的文化产生认同，认识到五十六个民族都是祖国大家庭的一部分，民族传统文化就是中华民族精神力量的源泉，树立远大理想，为中华民族文化的繁荣努力学习。
生态文明教育	将美术与自然、生活、社会、科技关联，通过感知、发现、体验、欣赏、表现自然美，引导学生树立尊重自然、保护自然的意识，传递人与自然和谐共生的理念，增强保护环境的自觉性。树立可持续发展观念，形成健康文明的生活方式。尝试用艺术作品宣传健康观念，为祖国持续发展做贡献。	人美版一年级上册"美丽的大自然"：通过观察自然景物的各种形态与色彩，感受大自然的美丽和神奇，了解不同的美可以给人带来不同的感受，养成热爱大自然的情感，树立关心大自然、保护大自然的意识。
心理健康教育	通过美术与生活、社会关联，引导学生正确认识自我，尊重生命，增强调控心理、适应环境的能力，开发心理潜能，形成健全的人格和良好的个性心理品质，成为身心健康、具有社会责任感、创新精神和实践能力的德智体美劳全面发展的社会主义建设者和接班人。	人美版二年级上册"我爱我家"：通过视觉形象分析，感受家庭温馨和谐的瞬间，理解家人之间的互相关爱，能够用美术作品等形式向亲人表达自己的爱与关心。
X 审美情趣教育	通过发现美、欣赏美、表现美、创造美，引导学生获得以视觉为主的审美体验，陶冶学生的审美情趣，提高学生的审美意识和审美能力，培养学生创造美好生活的愿望与能力。	人美版六年级上册"情趣盎然的设计"：通过收集设计资料、欣赏分析生活中的设计，能够从生态、功能、审美等角度欣赏优秀设计作品，形成自己的设计审美品位。尝试用设计改变生活环境，养成大胆想象、勇于创新的意识和热爱生活的情感。

备注："5"为《中小学德育工作指南》中五个方面的德育内容，是各学科共同的德育范畴；"X"为体现学科本质的学科特色德育内容范畴。

第二节　学科德育实施建议

小学美术学科德育对于有效地落实"立德树人"根本任务、促进学生发展核心素养，有着非常重要的意义。充分理解美术学科育人价值，努力践行学科育人，是广大美术教师的使命与责任。

依据《中小学德育工作指南》，小学美术学科德育范畴应包含六个方面：理想信念教育、社会主义核心价值观教育、中华优秀传统文化教育、生态文明教育、心理健康教育、审美情趣教育。我们尝试从美术学科育人的过程，分析学科育人的特点与实施方法。聚焦教学内容、学习情境、学习任务、学习评价、教师行为五个维度中包含的课程育人的关键问题，帮助教师建构小学美术学科德育实施策略。

一、美术学科教学内容与德育范畴相关联

美术教育是美育工作的重要组成部分，其核心在于弘扬真善美，塑造美好心灵。美术学科教学内容依托于家庭生活、学校生活、社会生活的各个方面，美术与文化生活有着千丝万缕的联系。美术学科育人是以文化生活为基础，将美术学科教学内容与美育、德育范畴关联，实现以"美"育"德"，促进美育与德育的有机统一。小学美术的教学内容蕴含着丰富的育人价值，我们从多角度深入理解美术学科的主题、美术作品、艺术实践等设计，落实好学科育人目标。

（一）美术主题内容与德育范畴相链接

主题是指文艺作品或者社会活动等所要表现的中心思想，泛指主要内容。基于美术课程标准的小学美术主题内容往往中心思想突出，并蕴含着丰富的德育价值。部分美术主题内容具有相当明确的育人方向，德育范畴指向清晰明确。此类主题内容关联德育范畴即可水到渠成。

人美版二年级下册的"花羽毛的鸟""我喜欢的动物""美丽的植物"等自然之美单元主题内容，明确与生态文明教育相关联，借助赏析、表现喜爱的动物、美丽的植物，教师引导学生树立尊重自然、顺应自然、保护自然的发展理念。同时，自然之美单元主题内容与审美情趣教育相关联，通过发现自然美、欣赏自然美、表现自然美，引导学生获得以视觉为主的审美体验，陶冶学生的审美情趣，提高学生的审美意识和审美能力。在小学美术教材中有许多有关自然之美的主题内容，教师深入思考设计适当的情感、态度和价值观维

度目标，就能够实现学科育人价值。

人美版二年级上册"我爱我家"、四年级上册"我爱老师"等课与心理健康教育相关联，通过学习学生能达到正确认识自我、认识家庭、认识社会，尊重生命，增强调控心理，适应环境的目的。低年级的"民间泥玩具"和中年级的"北京的胡同""北京的城楼""走访民间艺人"以及高年级的"画门神""国粹——京剧""京剧脸谱""京剧人物画""中国的非物质文化遗产""北京的非物质文化遗产"等内容都是以中华优秀传统文化元素为主题，涵盖了中国画、民间美术、传统工艺、传统建筑、非物质文化遗产等主题内容，将其与中华优秀传统文化教育相关联，旨在引导学生感受和理解我国深厚的文化底蕴，传承和弘扬中华优秀传统文化，坚定文化自信。美术学科的本质性特点就决定了美术以育美为基础，美术学科任何主题内容都蕴含着审美情趣的教育。

（二）美术作品内容与德育范畴相链接

美术家通过美术作品来表达思想、情感、态度、价值观念。小学美术教材中为我们精选的优秀美术作品，都具有典型意义和正确的价值观念。将美术作品内容与德育范畴相链接，帮助学生充分理解美术作品的价值内涵，从美术角度形成对文化的理解，促进学生认同作品传递的价值观念。在学习活动的过程中感受、理解、认同艺术家本人的家国情怀，促进学生德育行为的形成。

人美版教材每册第一课提供的美术作品都蕴含着育人价值。学生能够从这些美术作品中学习不同的美术表现形式、美术表现语言，教师能够从作品《黄河母亲》中达成生态文明教育，从作品《司马光》中达成心理健康教育，从作品《一笑暖千家》《三月三》中达成中华优秀传统文化教育，从作品《乡情》《农家景》中达成社会主义核心价值观教育和理想信念教育，进而提升学生的审美情趣。小学美术教材中有200多节课，呈现了数百幅经典美术作品，教师要深入理解作品的内涵与文化，巧妙地传递作品中的育人价值。

美术作品还是理解艺术家品格的重要途径。例如：人美版五年级下册"画家徐悲鸿"的教学。第一阶段，以视觉形式观察徐悲鸿的代表油画作品《田横五百士》；第二阶段，赏析《田横五百士》，研究其中的色彩、构图等形式要素对画面的作用和影响；第三阶段，帮助学生了解徐悲鸿创作思想与当时社会生活的关系，领悟美术作品的文化内涵。一系列的学习活动促使学生理解徐悲鸿的美术作品以及他的人生经历，更帮助学生感受到了画家徐悲鸿在积极推动美术教育过程中的浓浓的以艺报国、以美术教育报国的爱国主义情怀。这样我们对本课的育人价值就有了更深入的体现与落实。

（三）艺术实践内容与德育范畴相链接

艺术实践是学生表达艺术构想、实现美术创意的重要实践环节，是运用传统与现代媒材、技术和美术语言创造视觉形象的过程，也是学生学习美术、提升美术素养必须经历的活动和过程，对于学生美术创意实践素养与品德的形成有着重要的作用。艺术实践产生的艺术作品更是学生情感、态度、价值观、创新思维的外在显现。艺术实践的过程中学生通过互帮互助、组织协调、人际沟通养成的基本素质，也是学生身心健康教育的一个重要方面。艺术实践的特点在于内化于心外显于形，这正是促进学生知行合一德育品格形成的良好途径。

小学美术教材内容包括欣赏（欣赏·评述）、表现（造型·表现）、创造（设计·应用）和联系/融合（综合·探索）艺术实践，都能够结合实践内容与德育范畴相链接。"设计·应用"艺术实践中人美版二年级下册"我们班的旗帜"设计的艺术实践内容可以是"结合我们班级的特点，设计体现班集体精神的旗帜"。这样理想信念教育、心理健康教育就与旗帜的设计充分关联了。"造型·表现"艺术实践中人美版六年级上册"中国画——梅花画法"艺术实践的内容可以是"运用中国画的笔墨创作梅花，表现出梅花铁骨傲冰雪"，价值观教育得以实现。"综合·探索"艺术实践中人美版三年级上册"北京的胡同"，学生的艺术实践内容是要结合探究主题，通过网络查找资料、实地考察、图片收集等多种实践形式，探究了解北京胡同的自由、和谐的生活，感受北京胡同的独特风貌和历史变迁，增强爱家乡、爱祖国的情感，展现出自己的学习成果。除了教材中提到的内容，"北京的胡同"艺术实践内容还可以是"小组合作运用美术形式记录北京胡同的历史、人文、审美价值"。这样心理健康教育、理想信念教育就与现实北京胡同的学习活动充分关联了。艺术实践内容与德育范畴相链接对于学生品德的形成将起到重要作用。

二、把握美术学科特点，创设学习情境

建构主义学习理论认为"情境""协作""会话"和"意义建构"是学习环境中的四大要素。学习是学习者在一定的情境下，借助其他人（包括教师和学习伙伴）的帮助，利用必要的学习资料，通过意义建构的方式而获得。我们把握美术学科特点，将教学内容与学生的真实世界、生活经验、原有基础和兴趣点建立联系，创设学习情境是美术学科育人的重要方法之一。创设学习情境既能够促进学生美术学科素养发展，也能助推学生良好道德品质的形成。

教师在美术学习活动设计与实施中，把握小学美术学科视觉性、审美性、情感性、实践性、创造性、人文性等特点，利用视觉形象、文化生活、真实问题、平等交流、美术形式等创设学习情境，引领学生主动参与，令其感同身受，从而提升美术学科育人水平。

（一）关注文化与生活

艺术源于生活，而高于生活。美术创作学习的基础就是生活，美术创作是艺术家对生

活的观察、感受与体会，是对于文化生活的理解。教师要结合学生的文化生活实际来营造生活化的学习情境，最大限度地将学习活动和学生的现实生活紧密地联系在一起，激发学生参与美术活动的兴趣和热情，使美术学习活动充满生机和活力，促进美术学科育人目标得到有效的落实。

海淀区实验小学校本教材五年级上册"钟声的祈福"一课，以海淀区"大钟寺"为主题，其学习目标就是在达成美术知识与技能、过程与方法目标的同时关联美术学科德育范畴，实现情感、态度和价值观维度目标。即通过美术视角的观察、访问、创作等学习任务，了解海淀地方文化，形成爱家乡、爱人民的价值追求，准确地认识中华传统古钟文化，进一步增强文化自信心。为此，教师带领学生走进大钟寺古钟博物馆，让学生实地与博物馆工作人员访谈，了解古钟的历史；现场敲击编钟，聆听古钟特有的带有历史感而凝重的声音；近距离接触各个朝代的古钟，认识中华民族的历史传统、文化积淀；现场画一画钟钮，体会传统艺术的精髓。教师为学生创设真实的文化生活情境，激发了学生的学习兴趣，学生还通过亲身体验获得感悟，有利于美术学科德育的实施。

关注文化与生活创设学习情境还有很多，例如：人美版四年级下册"我们身边的植物"，在教授这一课时，教师就要基于资源带给学生观察表现植物的学习情境。可以是植物园中的植物、校园中的植物、每个学生带到教室中的植物等。又如：人美版四年级上册"多样的小饰品"一课，教师可以让学生运用软陶材料设计并制作小饰品，作为新年礼物送给自己感恩的人，表达自己的爱。在这样的学习情境中，学生不仅收获了美术设计能力，而且传递了对身边人的关心与爱。

（二）凸显视觉基础

美术，又称"造型艺术"或"视觉艺术"，是以物质材料为媒介，占据一定平面或空间，表现作者审美意识的艺术形式。美术课程以对视觉的感知、理解和创造为特征。美术学科素养中"图像识读、美术表现"是美术学科特有素养，也可以说美术的立科之本是"视觉形象"。以视觉形象为基础创设学习情境是学习美术的必备条件，也是学科育人的重要方法之一。

人美版一年级上册"勤劳的小蚂蚁"一课，教师可以通过小蚂蚁的图片、视频、模型，甚至是实物来创设学习情境。学生在小蚂蚁的视觉情境中，观察小蚂蚁的结构、动态、生活习性等，从而表现生动有趣的蚂蚁形象，创作勤劳的小蚂蚁主题绘画作品；体会小蚂蚁的勤劳、协助，感悟生态文明，建构健康的心理。以视觉性为基础创设的学习情境极大地提升了美术学科育人的效果。教授人美版六年级下册"有趣的仿生设计"一课时，同样可以通过收集仿生设计图像、视频、设计手稿、真实设计作品等创设学习情境。

（三）围绕真实问题

问题指要求回答或解答的题目；事态的严重性足以引人研究讨论，或尚待解决者。围绕美术、生活、社会等维度提炼真实的问题是美术学习的重要手段和必要途径。在美术学习活动中围绕真实问题创设学习情境是推动知识与技能获取和价值观念形成的原动力，激发学生产生疑惑是学生深度学习的必要保证，是美术学科育人的重要手段之一。

人美版四年级上册"庄严的牌楼"一课，在一系列的学习活动后，教师运用老照片让学生看到具有民族魅力的牌楼在不断消失，让学生发现由于城市的发展、人们出行的需求等因素，大多数牌楼面临不得不拆这个真实问题情境。由此引发学生表达此刻的感受，并谈谈自己对保护牌楼的想法。学生在理解社会发展需要的同时提出建议，如"请进博物馆""做影像处理，放在路口""做成可升降牌楼"等。在这个真实问题情境中，学生了解家乡和祖国的发展，并且自觉形成了爱家乡、爱祖国的情感；教师引导学生适应环境的变迁，形成健全的人格，并成为具有社会责任感的人，充分落实了社会主义核心价值观教育。

在讲授人美版三年级下册"设计动漫标志牌"一课时，教师可以先组织学生调研校园中不文明现象，提出本组关注的真实问题并设计解决方案。在这样真实的问题情境中，学生通过自主、合作、探究动漫标志牌设计的方法，结合课前调研的问题有针对性地设计动漫标志牌，其后将设计的优秀作品提交学校管理处并阐述设计意图，最终把设计好的动漫标志牌布置在校园中，帮助解决校园中不文明现象。学习活动的过程始终围绕校园中的真实问题情境，这既有利于学生理解掌握美术设计知识技能，又有效地促进学生社会主义核心价值观的形成。

（四）促进平等交流

交流是信息互换的过程，通过沟通、交流，实现信息流动传播。交流的意义非常广泛，有精神的，也有物质的。在以核心素养为导向的学习活动中，学生与学生、学生与教师之间的交流是实现课程育人的重要方式。学生需要时间、空间表达与反思自己对知识的理解、技能的掌握、创作的构想、作品的认识、情感的表达、价值的分析等。学习活动过程中的交流效果，有赖于教师创设民主平等交流的学习情境，促进生生、师生平等交流、相互借鉴。

在讲授人美版三年级下册"荣宝斋"一课时，教师可根据学习活动目标，结合荣宝斋具体情况将学生分为六个参观考察组，分别是历史调查组、文房四宝组、珍宝观赏组、名作临摹组、木版水印技术组、木版水印作品组。各小组依据学习单完成相应学习任务，回归课堂后再由教师组织学生小组互动交流。历史调查组参观荣宝斋营业大厅、展厅及木版水印坊。与全班同学互动交流的内容包括：第一，荣宝斋历史的变迁。第二，对荣宝斋的基本了解。第三，荣宝斋的现状。木版水印技术组带领大家体验木版水印过程。其他各组也针对自己组的收获做了充分交流。整节课在教师组织下，生生、师生互动交流，了解文房用品、欣赏名家名作、临摹写生美术作品，感受其独特的艺术魅力，提升审美情趣；了解木版水印作品的背后故事，体验了水墨印制的乐趣；同时在交流中实现了中华优秀传统文化教育、社会主义核心价值观教育。

无论学习什么美术主题内容，都要创设平等交流的学习情境，支持学生在学习的过程中学会沟通、学会理解、学会尊重，共同承担、解决问题并分享获得的喜悦，从而推动学科育人目标达成。

（五）结合美术表现形式

美术作为艺术门类之一，有着越来越丰富的表现形式。传统美术表现形式一般分为四大类：绘画、雕塑、设计、建筑。现代普遍将美术形式分为三大类：平面艺术类，如国画、油画、版画、黑白画等；立体艺术类，如雕塑、装置等；动态艺术类，如动画、短视频、电影等。小学美术学科课程对各种美术形式都有所涉及。结合美术不同表现形式创设真实学习情境，在博物馆、美术馆中实地参观学习平面、立体和动态美术作品；亲身观摩美术家创作过程，学习美术作品；扮演多重角色，体验美术文化现象。结合不同美术形式走进社会生活的真实情境，促进学生在美术学习活动中获得良好且愉悦的体验，实现美术学科多维度育人。

人美版四年级上册"我们身边的壁画"一课，教师可以组织学生实地赏析社会环境中的壁画，如地铁站中的壁画、街道外墙的壁画、公园等公共场所中的壁画，在真实情境中理解壁画的艺术、文化与社会价值，帮助学生从审美、文化等维度形成正确价值观念。并结合学校环境创设真实的壁画创作情境，在真实情境中的创作将进一步促进学生知识与技能、情感、态度和价值观等方面实现知行合一。

人美版四年级下册"走访民间艺人"、五年级上册"中华世纪坛""国粹——京剧"、六年级上册"我国的世界遗产"、六年级下册"中国的非物质文化遗产""北京的非物质文化遗产"等课都可以通过组织参观、走访非遗大师工作室等形式创设真实情境，引导学生们在真实的情境中感受中国传统文化和传统艺术的魅力，实现文化认同与文化自信等美术学科育人价值。

大多数美术表现形式都是以美术作品的方式呈现出来。学生美术作品是价值观念的外化体现，也是学科育人成果的载体。可以考虑在美术作品展览、展示，以及学生集体创作等环节创设真实情境，促使学生逐渐形成良好的道德品质。

三、挖掘课程资源，创设学习任务

课程资源是指课程要素来源以及实施课程的必要且直接的条件，是美术活动的重要载体。课程资源的概念有广义与狭义之分，也有不同角度的分类。美术课程资源主要包括学校资源、自然资源、社会资源和网络资源。小学美术教材呈现的课程资源是为开展有效教学提供的素材和学生学习可利用的条件。挖掘美术课程资源有利于丰富美术教学内容，提高美术教学的效益。

学习任务是艺术实践的具体化，是学生在现实生活或特定情境中综合运用所学知识、技能等完成的项目、解决的问题等。在这里指在学习过程中要完成的具体活动，包含多种类型：驱动型、对话型、收集型、引导型、挑战型等。挖掘课程资源创设学习任务是学生学习活动的必要元素，是课程资源价值的充分发挥，也是提升美术学科育人效果的重要方法之一。

一节好课要充分发掘课程资源，创设学习任务。充分发掘课程资源需要贴近学生，关注学生生活，关注学生兴趣，关注学生成长点。利用优秀的资源，为学生设计相应的学习任务，发挥学生学习主动性，带动学生展开有目标、有价值、有方法、有收获的学习活动。

人美版二年级上册"千姿百态的桥"一课呈现了有八百年历史的北京卢沟桥，皇家园林颐和园中的玉带桥、十七孔桥，如果教师只依此课程资源，简单地分析桥的种类、造型特征、材质，并以此为基础设计学习活动，就是浅表性教学。如果我们深入发掘桥梁背后的历史意义、深度内涵、现代桥梁的发展等资源，据此设计学习任务，就能将学生带入文化情境，让其产生情感共鸣，从而达到学科育人目的。

小学美术教材是依据课程标准编制的、系统反映学科内容的教学用书。教师应结合小学美术教材内容，深度发掘课程资源，通过设计层层递进的学习任务，使学生产生强大的学习驱动力，引发学生思考，形成正确的价值观念。

四、运用评价推动学生成长

评价是检验、提升教学质量的重要方式和手段，是指对一件事或人物进行判断、分析后的结论，属于人类认知活动。教育评价是对教育活动满足社会与个体需要的程度做出判断的活动；是对教育活动现实的潜在价值做出判断，以期达到教育价值增值的过程。实施学科德育应注重运用评价推动学生成长，充分发挥评价的诊断、激励和改善功能，促进评价对学生道德发展的影响。

（一）教师运用鼓励性评价语言

说到评价，最先想到的应是教师语言，教师对学生的鼓励往往会被学生夸大，成为被放大的鼓励，教师的语言也是学生效仿学习的素材。在学生心目中，教师是神圣的，所以他们会怀着崇拜的心理去理解教师的鼓励。与此同时，鼓励性的评价语言会给学生自尊心、自信心的发展带来非常积极的影响。

　　小学生的发展是一个长期的过程，因此教师要用发展的眼光看待学生，用发展的眼光评价学生。例如：在学习活动中能有效解决问题的，教师可以给予"善于思考"的评价；在面对问题时需要思考的过程或者不断实验去解决问题的，教师可以给予"你很有耐心、善于挑战自己"的评价；在面对问题时想放弃或者信心不足的，教师可以给予"不要轻易放弃，慢慢来"的鼓励性评价。

　　教师鼓励性评价语言可以运用在学习全过程中，以促进学生成长。例如：人美版五年级下册"画家徐悲鸿"一课，教师通过介绍徐悲鸿的生平和艺术作品，引导学生体会作品蕴含的爱国主义情怀。这幅作品展现出人民群众坚忍不拔的毅力和威武不屈的精神，同时还表达了对民族危亡的忧愤和对光明、解放的向往，作者将自己的人生命运同中华民族的命运联系在一起。学生在分析画家徐悲鸿作品风格的环节中，教师围绕目标鼓励学生对比观察、大胆表达自己对作品风格的理解；学生在自学品读《风雨鸡鸣图》题跋环节中，教师赞扬并引导学生理解画家徐悲鸿浓浓的家国情怀。适时适度地给予积极的评价，既鼓励了学生思考交流也促进学生正确价值观念形成。

　　教师鼓励性评价语言体现了教师与学生的民主、平等，可以让学生树立健康的心理品质，同时激励其他学生学习他人长处，形成健康的人格。因此，教师对学生鼓励性的评价语言是必不可少的。

（二）注重评价与目标相统一

　　美术课程的学习必须注重评价、学习目标、学生活动、教师活动的统一。也就是遵循在素养导向下"教—学—评"一致性的教育规律。依据学习活动目标设计评价方式、评价要点、评价任务等评价要素，是每一位美术教师要深入思考、研究、提升的必备能力。评价的维度与学习目标的维度是相对应的关系，要想帮助学生形成正确情感、态度和价值观念，就要准确设定情感、态度和价值观念目标。学习目标是全部学习活动的灯塔。

　　人美版五年级下册"画家徐悲鸿"一课的学习目标如下。①知识与技能：通过欣赏画家美术作品，能够简要介绍徐悲鸿生平及时代背景；能够运用美术语言对徐悲鸿的作品进行描述，阐述徐悲鸿作品"中西融合"的特色与托物言志的艺术风格，并表达出自己的感悟和理解。②过程与方法：通过视频欣赏、图片对比与小组合作等多种方法，借助"剪贴拼摆"的方式，合作、探究、发现徐悲鸿作品的艺术魅力。③情感、态度和价值观：多角度理解中华民族优秀画家徐悲鸿的家国情怀，养成爱生活、爱祖国的情感。体会与人合作、与人交流的乐趣，增强团队意识。

　　评价与学习目标对应，教师可以在学习活动评价中关注以下基本评价内容：①能否用美术语言对徐悲鸿的作品和艺术风格进行描述，并表达出自己的感悟和理解。②能否通过多个角度，探究和发现徐悲鸿作品的艺术魅力。③能够感悟到对以徐悲鸿的作品为代表的民族艺术的热爱之情；能够产生对徐悲鸿艺术情怀和家国情怀的钦佩之情；认同徐悲鸿为民族和国家着想的价值观。注重评价与目标相统一，做到心中有准确目标，学习过程有适当评价，就能促进学生成长，实现美术学科育人价值。

（三）过程性与结果性评价相结合

以评价时间维度来区分，可将评价分为过程性评价与结果性评价。过程性评价主要是关心和检查用于达到目标的方法和手段如何。结果性评价是关心和检查计划实施后的结果或产品使用中的情况。之所以在这里强调过程性评价与结果性评价相结合，是因为目前小学美术课堂教学中有重结果性评价轻过程性评价的现象。只有兼顾过程与结果，让评价贯穿美术学习的全过程和美术教学的各环节，才能更好地促进学生成长。

1. 覆盖多维度的过程性评价

学习活动中某一阶段学习任务是否完成，学生是否达成相应的阶段目标，都需要过程性评价来总结，以推动学习活动的开展。例如：人美版六年级上册"电脑美术——照片美容"一课的学习目标是通过合作、探究电脑美化照片软件，掌握美化照片的基本方法与步骤，能够将自己的照片美化；在学习过程中养成善于合作、主动探究、善于计划、精细制作等优秀品质。这就不能只关注照片制作展示时的结果性评价，同样要关注学生合作探究照片美化的知识与技能，以及在探究过程中的行为、心理等表现的评价。以评促学，关注学生的实际进步，捕捉、欣赏、尊重学生有创意的、独特的表现，并予以鼓励。

美术过程性评价也要关注学生作品创作过程，关注创作过程的表现评价。建议可以为每位学生定制一个电子创作数据档案，将一个学期甚至小学六年的艺术作品汇集成电子版，其成长过程会一目了然。美术教师在平时工作中要注意积累学生作品，为学生作品撰写评语、做出等级评价，形成全面的系统评价。学生的情感会伴随学生创作美术作品的全过程，它直接反映着学生的创作动机、创作兴趣、价值观念等。过程性评价对学生正确价值观念的形成具有十分重要的作用。

2. 关注艺术表达的结果性评价

结果性评价在小学美术学科中往往指的是作品的展示与评价，是美术教学评价的重要组成部分，也是检验美术学习质量的重要手段之一。作为美术教学环节中重要的一环，学生和教师都能积极参与。但是当前的小学美术课堂作品评价环节仍有欠缺之处。小学生美术作品评价所存在的问题，一是生生评价中缺少准确的指导，学生的评价大多围绕作品表现的内容，运用美术语言评价美术作品较少；二是教师对学生作品的评价集中在技能层面，与目标对应的其他维度评价较少；三是教师在评价学生作品时的词汇过于单一。针对以上问题，教师需要不断加强对美术育人本质的理解，提高自我修养，注重艺术表达，丰富自己的评价语言。在评价作品的时候要考虑情绪态度、创作习惯、创新精神、审美价值观等方面。

3.注重个体差异评价

中国教育思想很早就提倡教师要因材施教。针对美术学科这里指的不仅是美术教师教的内容要符合学生需求，教师还要注意学生是有独立创作意识的生命个体，并且在对待美术的态度、生理特点、心理特点、兴趣爱好等方面都有差异。因此评价也要因人而异，以促进每个学生核心素养发展而评价，不能用单一的尺度来衡量所有学生。教师要注意观察学生一个阶段是否有进步，要善于抓住这些"一点点"的进步，给学生以鼓励。美术教师可以根据学习活动目标，结合学生认知水平设定不同层次的评价任务，设计不同层次的问话与对话，设置不同层次的评价题目。

人美版四年级上册"庄严的牌楼"一课，学习活动是学生利用磁片拼图的游戏形式，现场在北海白塔图片前"搭建"一座牌楼。与空旷的园林相对比，学生感受到古人在不同环境空间的建造，体会深刻的文化象征意义。不同能力的学生在参与学习活动中的表现存在差异，如果只关注完成作品搭建的学生，评价的作用就比较局限。教师此时可以适当考虑学生在参与活动中的不同表现，结合学习目标的不同维度，实施差异评价，鼓励每个积极参与学习活动的学生。这些都有利于促进学生成长，有利于美术学科育人目标的达成。

学生的每一次成长都是值得珍惜的，可以利用大数据和互联网建立学生艺术档案袋，形成针对每位学生的表现性评价。评价的方法多种多样，良好的评价系统应该是最能综合反映学生成长的评级系统，应该使用多种方法、多种形式，标准应该是具体的，促进学生的审美情操、价值观念等多维度深度发展。好的评价就像一部发动机，会给课堂增加无限的魅力。

五、规范教师行为，促进学生道德发展

好老师要有理想信念、有道德情操、有扎实学识、有仁爱之心。教师自身的良好行为是实现美术学科育人的基本保障。积极的教师行为可以给学生积极的心理暗示。教师一个肯定的眼神、一个爱的拥抱或抚摸……将潜移默化地影响学生。从学生的角度思考，他们会将教师对自己的这些行为看成教师对自己的喜欢与爱，这有助于师生关系的和谐发展。规范教师行为对学生而言有很强的示范性。一方面，学生遇到问题的时候，教师可以亲自示范，帮助学生解决遇到的问题，学生会通过教师的示范加深对问题的理解；另一方面，

教师在日常生活和学习中用自己的良好行为树立优秀的榜样，学生会间接模仿，努力使自己成为像老师一样优秀的人。

（一）仪表亲切打动学生

教师仪表主要包括衣着发式、打扮、服饰等，是教师展现在学生面前的外在形象。教师应做到发型简洁利落，衣着保持干净整洁。还可以根据美术课程的不同主题，适当搭配与学习内容相关的服饰给学习活动添趣，有助于学生更好地掌握学习目标。例如：人美版四年级上册"我爱老师"一课，学生学习任务之一就是画自己的老师。教师穿有领子、较为正式的衣服，能很快地将学生带入观察老师、画老师的情境当中。学生在创作中回忆老师为同学们辛勤付出的画面，体会老师的亲切与伟大。在"中华世纪坛"的教学中，有的老师穿了一件中华世纪坛的主题衣服，既亲切又有学习情境代入感。在妆容方面，女老师可以画一些淡妆，要与教师的职业特点吻合，这样可以更好地凸显教师的特点。

（二）举止文明引领学生

举止指个人的气质，包括坐、立、行的姿势以及谈吐。教师可以通过自己的文明举止影响学生平时的行为举止，这要求教师表现出良好的教养与振奋的神态，要与教育过程密切配合，发挥出最佳的辅助作用。保持肩部放松、背部挺直的姿势，可以营造出一种平等的气氛，使教师显得平静和自信，更重要的是为学生树立了站姿的榜样。课堂学习活动中教师巧用手势、持物、鼓掌、夸奖等都有助于学生的成长。例如：人美版五年级下册"动画形象——孙悟空"一课，教师在讲述老艺术家万籁鸣一生的时候，先是将手放在自己胸膛上之后再指向图片中的相关内容，这一个小细节就可以让学生感受到老师对前辈艺术家的尊敬，从而让学生思考为什么老师如此尊重这位老艺术家。在学习艺术家万籁鸣的相关知识后，教师组织学生分享学习体会，学生都对艺术家万籁鸣表达了尊敬之情。教师的举止无形中引领了学生的行为，促进了学生思想行为的完善。

在课堂学习活动中，老师一定要用"请"这个字，不但表现了老师的风度，更为同学们以后交流奠定了基础，也促进了班级集体团结互助、平等友爱氛围的形成。

（三）正确的价值观影响学生

教师对学生产生的影响是深远的。新时代要求广大教师做学生锤炼品格的引路人；做学生学习知识的引路人；做学生创新思维的引路人；做学生奉献祖国的引路人。教师自身就要有理想信念、有道德情操、有扎实学识、有仁爱之心。教师要用自身价值观念引导学生去思考责任、理想、信念和人生价值，立鸿鹄志、做奋斗者。

教师和学生教学相长，在真诚的相互探讨中，激发学生道德情感，启迪理想信念，引导学生树立正确的世界观、人生观、价值观。教师要不断学习，完善知识结构、提高理论水平，才能发挥关键作用，真正给学生心灵埋下真善美的种子。

第三节　学科德育典型课例

基本信息

教师姓名	陈虎	学　校	清华大学附属小学
教学年级	五年级	教科书版本及章节	人美版《美术》五下第六课

一、单元教学设计

单元学习主题	艺术欣赏与表达

（一）单元教学设计说明

　　五年级下册教材中"摄影艺术欣赏"和"画家徐悲鸿"两个欣赏主题内容共同建构了"艺术欣赏与表达"单元学习主题。

　　《义务教育美术课程标准（2011年版）》提出："要引导学生关注美术与社会的关系，在文化情境中理解美术作品，涵养人文精神。"本单元以此为指导思想，引导学生在历史文化情境中，认识摄影艺术、徐悲鸿艺术作品的特征以及美术对社会生活的独特贡献。围绕对艺术作品的欣赏与评述，提升美术学科审美感知、文化理解素养，促进学生审美情操、理想信念、社会主义核心价值观的形成。"摄影艺术欣赏"一课，学生通过赏析摄影作品，了解摄影艺术发展的历史，理解摄影艺术表现语言和作品传递出的人文精神，能够表达自己对代表性摄影作品的理解与感受。"画家徐悲鸿"一课，学生通过赏析徐悲鸿的美术作品，了解其人生经历与历史背景，理解徐悲鸿"中西合璧"的艺术特色，认同画家的美术作品传达的浓郁的家国情怀。单元主题学习促进学生在文化背景下感悟艺术的魅力，促进学生理解艺术作品传递的情感、态度和价值观念。

　　依据建构主义的学习发展观，通过调研、预学等方法，在充分了解学情的基础上设置学习情境，引导学生在文化情境中相互协作，掌握美术作品欣赏评述的方法，理解美术与社会的关系。通过单元主题学习实施理想信念教育、社会关爱教育、人格修养教育、中华优秀传统文化教育，增强文化自觉和文化自信，实现美术学科的育人价值。

（二）单元学习目标与重难点

1. 学习目标

知识与技能： 通过赏析经典美术、摄影作品，能够列举代表性的美术家和摄影家，用简单的美术、摄影术语对作品的内容与形式进行分析评价，能够表达对作品与艺术家的理解和感悟。

过程与方法： 通过合作、探究、对比分析等方法，理解绘画作品和摄影作品的表达语言和艺术价值。

情感、态度和价值观： 体验绘画、摄影带给人的审美感受，认同艺术作品传递的正确价值观念，增强热爱生活、热爱艺术、热爱祖国的情感，促进良好心理品质的形成。

2. 学习重点

了解艺术家的生平、代表作品、艺术类别、艺术语言以及艺术风格，理解特定的艺术风格是特定的历史环境下的产物。

3. 学习难点

运用绘画、摄影知识，用美术的语言表达对美术、摄影作品的理解，形成艺术价值认同。

（三）单元整体教学思路

本单元的学习注重学生的积极参与，努力激发学生的主体意识，以多样的教学方式，引导学生掌握最基本的美术欣赏评述的方法，通过美术馆、博物馆、网络等多种渠道，收集相关信息，不断提高学生的审美判断素养；引导学生关注美术与社会的关系，在文化情境中理解美术作品，涵养人文精神；同时注意利用地方的文化资源，引导学生了解美术作品与当地的历史、地理、经济和民族的联系，使欣赏与评述活动更贴近学生的生活。教学结构见图 8-1。

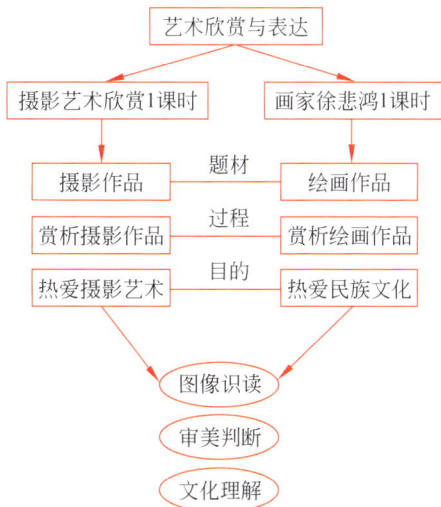

图 8-1 单元教学结构

二、课时教学设计

课题	画家徐悲鸿		
课型	新授课 ☑ 习题/试卷讲评课 ☐	章/单元复习课 ☐ 学科实践活动课 ☐	专题复习课 ☐ 其他 ☐

（一）教学内容分析

"画家徐悲鸿"属于第三学段"欣赏·评述"艺术实践内容。纵向梳理教材,我们发现"美术家达利""画家齐白石"和"画家凡·高"与本课形成了"美术家"系列课程（见图8-2）。

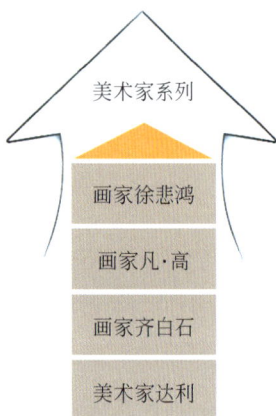

图 8-2 "美术家"课程系列结构示意图

这个课程系列都以美术家的名字为课题。本课是这个系列里面的最后一课。如果说前面的几节课注重建立欣赏、评述美术家的基本方法,那么本节课就侧重于运用欣赏、评述方法。在教学赏析的过程当中挖掘艺术家人生经历、代表作品、艺术风格等几个方面,特别注重理解认同艺术家的人文精神。

本课与三年级下册的"参观美术馆"、四年级上册的"画家齐白石",都特别重视北京的地域文化,都通过艺术赏析来加深对文化艺术的理解。清华大学艺术博物馆馆藏作品陈列中就有徐悲鸿原作《九方皋》以及多幅"水墨马";《风雨鸡鸣图》《前进》《八骏图》等课上涉及的数幅美术作品的原作都收藏在北京的徐悲鸿纪念馆。对于观摩、学习和研究徐悲鸿艺术,北京市的小学生确实拥有地利之便。

结合学生在清华大学艺术博物馆赏学徐悲鸿作品的具体情况,本课将教学内容聚焦到徐悲鸿《九方皋》《奔马》《风雨鸡鸣图》等作品的深入赏析上,引导学生赏析徐悲鸿的"中西融合"的艺术特色,了解徐悲鸿浓浓的人文情怀、拳拳的爱国之心,帮助学生建立广博的艺术观和鲜明的道德观。教材中其他作品作为学生自学赏析的内容。

（二）学习者分析

本校五年级学生已初步形成了较好的学习态度,随着主体意识的觉醒,逐步对教学内容产生选择性及质疑的态度。随着自主、自律能力的增强,对合作学习的责任感进一步提高,同时逐渐形成了对学习的自觉负责的态度,开始认识到学习的意义,学习动机较强。

通过学生完成预学单的形式调研,共收回有效调研数据 321 份。教师了解到五年级学生普遍知道徐悲鸿的名字,并且也知道他是以画马著称的,但是对于徐悲鸿"中西融合"的艺术风格及其所处的社会历史环境不太了解。经布置预学作业,寻求学生的兴趣点,开展学情研究。

在预习单的反馈中,发现五年级学生提出的在预学中无法解决而又感兴趣的问题,主要有四个。

（1）徐悲鸿除了画马,还会画什么?（117 人,占 36.4%）

（2）徐悲鸿画画的技巧是怎样的?（105 人,占 32.7%）

（3）徐悲鸿名字中为什么会有一个"悲"字?（82 人,占 25.5%）

（4）徐悲鸿是清朝人还是民国人?他生活的时代都发生了哪些重要的事情?（62 人,占 19.3%）

结合学生的学情与兴趣点,在教学过程中,本课设计有意识地围绕以上问题展开。在欣赏和评述的过程中向学生示范徐悲鸿画马的技巧。学生会特别提到徐悲鸿名字中的"悲"字,教师可借此引导学生了解名字背后的故事。在数据的支撑下,学生的兴趣点、困惑点与教学重难点吻合。教师引导学生在文化情景中去理解艺术家,还原作者及作品的历史位置,让学生对名家名作形成自己独特的感受。

本课的教学注意发挥学生的主动性,使多数问题在小组内解决。特别是在学生艺术实践这一环节,尊重学生对画马的兴趣,分析徐悲鸿在画马及营造构图上的独得之妙,使学生了解和体悟徐悲鸿画马与构造"多骏图"的艺术方法。以此为突破口,小组合作完成作业,解决小组成员学习和动手体验等问题。

（三）学习目标

（1）通过欣赏画家美术作品,能够简要介绍徐悲鸿生平及时代背景;能够运用美术语言对徐悲鸿的作品进行描述,阐述徐悲鸿作品"中西融合"的特色与托物言志的艺术风格,并表达出自己的感悟和理解。

（2）通过视频欣赏、图片对比与小组合作等多种方法,借助"剪贴拼摆"的方式,合作、探究、发现徐悲鸿作品的艺术魅力。

（3）多角度理解中华民族优秀画家徐悲鸿的家国情怀,养成爱生活、爱祖国的情感。体会与人合作、与人交流的乐趣,增强团队意识。

（四）学习重难点

学习重点: 了解徐悲鸿的艺术生涯和"中西融合"的艺术特色,以及其高尚的爱国情怀。

学习难点: 运用美术欣赏知识,对徐悲鸿的作品进行欣赏与评价,并准确表达自己对徐悲鸿作品的理解与感悟。

（五）学习评价设计

本课学习评价设计,关注学生对徐悲鸿及其作品的分析、理解和认识。过程性评价引导学生关注"欣赏·评述"的本质，结果性评价促使学生积极表达徐悲鸿及其作品的魅力和特点，相互评价完善自我和知识体系的建构，详见表8-2。

表8-2　评价设计

评价目标	评价标准	评价任务	评价方式
诊断学生对徐悲鸿生平与时代背景的理解。	能在时间轴上找到徐悲鸿美术作品的正确位置或能说出徐悲鸿在某一时期主要经历。	把徐悲鸿的美术作品摆放到时间轴上的正确位置，并有意识地思考当时的时代大事件。	学生在合作学习的过程中，交流互动，获得同伴的认可；教师对学生发言进行即时反馈。
诊断学生对徐悲鸿"中西兼擅"艺术风格的理解。	认识和理解徐悲鸿既擅长中国画，也擅长以油画和素描为代表的西方绘画。	用美术语言评述徐悲鸿既擅长中国画，也擅长以油画和素描为代表的西方绘画。	教师对学生发言进行即时反馈。
诊断学生对徐悲鸿"中西融合"艺术风格的理解。	能认识和理解徐悲鸿博采众长，将中西绘画的精髓融合于自己的艺术风格之中。	通过多个维度不同图片的对比观察分析，表述出徐悲鸿作品多方面的艺术风格。	学生在合作学习的过程中，达成共识或逐渐形成较为成熟的观点，并获得同伴的评价；教师对学生发言进行即时反馈。
诊断学生对徐悲鸿"家国情怀"思想的理解。	能认识和理解徐悲鸿借其作品抒发家国情怀的艺术特点。	通过解读题跋更深地认识和理解徐悲鸿为国家、为民族着想的思想情怀。	教师对学生发言进行即时反馈。
诊断学生小组合作学习的能力。	能在小组学习过程中积极与同学互动和思考。	通过小组讨论这一活动完成指定任务。	依据学习单在学习活动中，贡献自己的想法和智慧，积极与同学互动交流，促进小组学习任务的完成；教师对学生发言进行即时反馈。
诊断学生课堂参与度与评述积极性。	倾听他人和其他组汇报发言时及时大胆地予以补充，表达自己及所属小组讨论所得的观点。	学习活动过程中积极发言，适当补充与完善。	学生在合作学习的过程中，交流互动，并获得同伴的认可。

（六）学习活动设计

教师活动　　　　**学生活动**

课前：预学

教师活动

提供合作预学单（见图8-3）

1.经过收集资料，你能说出徐悲鸿都有哪些代表作品吗？请写在下面。请选一幅你感兴趣的简单地勾勒在这张纸的空白处，或者打印出来，上课时请带来。

学生活动

收集相关资料，梳理已知的徐悲鸿有关信息。思考未能在预学中解决的、自己又感兴趣的问题。

教师活动

2. 你认为徐悲鸿的作品有哪些特点？请你根据一幅作品具体说明。

3. 你认为学习“画家徐悲鸿”这一课有什么意义？

4. 除了上面提到的，你还想了解哪些和徐悲鸿有关的知识？

学生活动

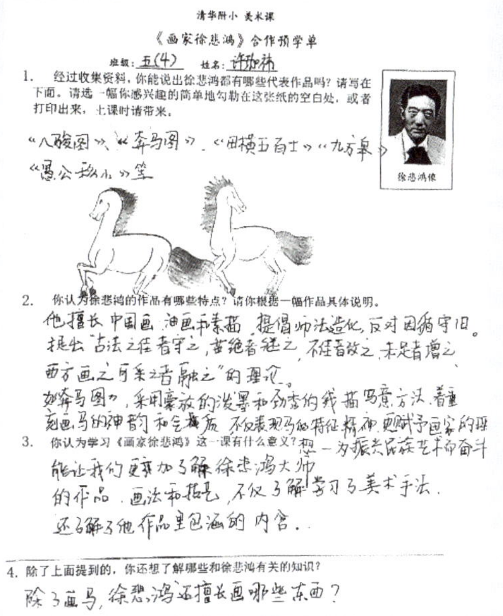
清华附小 美术课

《画家徐悲鸿》合作预学单

班级：五(4)　姓名：许珈祎

1. 经过收集资料，你能说出徐悲鸿都有哪些代表作品吗？请写在下面。请选一幅你感兴趣的简单地勾勒在这张纸的空白处，或者打印出来，上课时请带来。

《八骏图》、《奔马图》、《田横五百士》《九方皋》《愚公移山》等

徐悲鸿像

2. 你认为徐悲鸿的作品有哪些特点？请你根据一幅作品具体说明。

他擅长中国画、油画和素描，提倡师法造化，反对因循守旧。提出“古法之佳者守之，垂绝者继之，不佳者改之，未足者增之，西方画之可采者融之”的理论。

如《奔马图》，采用豪放的泼墨和劲挺的线描写意方法，着重刻画马的神韵和气质，不仅表现马的特征、精神，更赋予画家的理想——为振兴民族艺术而奋斗

3. 你认为学习《画家徐悲鸿》这一课有什么意义？

能让我们更加了解徐悲鸿大师的作品、画法和技巧，不仅了解学习了美术手法，还了解了他作品里包涵的内容。

4. 除了上面提到的，你还想了解哪些和徐悲鸿有关的知识？

除了画马，徐悲鸿还擅长画哪些东西？

图 8-3　合作预学单

活动意图：锻炼学生收集、整理和分析学习资料的自主学习能力。为课上深入理解、欣赏和评述徐悲鸿的作品打下认知基础。

环节一：动画导入　预学展示

教师活动 1

1. 播放动画视频：一匹马昂首阔步，两匹马携手并进，三匹马就有万马奔腾之势！随后展示课题——“画家徐悲鸿”。

2. 让学生进行预学汇报，汇总学生的问题，并板书这些问题分别属于“人生经历”“艺术风格”“代表作品”。

3. 播放自制视频“画家徐悲鸿简介”，请学生带着上述问题，在视频中寻找答案。

学生活动 1

明确主题，交流预学成果。

1. 欣赏徐悲鸿作品动态视频，明确学习研究主题——画家徐悲鸿。

2. 汇报问题预设：为什么他的名字里有“悲”字？他画马的技巧是怎样的？除了画马，他还画过什么？……

3. 学生观看短片，小组合作研讨并汇报自己找到的答案。

活动意图：创设情境，初步感受徐悲鸿作品传达的内涵。发挥学生学习的能动性，培养从资料中找寻答案的自学能力。

环节二：赏析作品　感受中西兼擅

教师活动 2

1. 小游戏“徐悲鸿去哪儿”。

（1）完善徐悲鸿人生历程思维图（见图 8-4），填补上关键事件和代表作。

学生活动 2

合作建构作品时间轴思维图，交流整体感受。

教师活动

（2）分析徐悲鸿各时期作品表现出了怎样的风格特点。

（3）把徐悲鸿的人生和作品联系起来整体看待，思考徐悲鸿的思想情怀。

图8-4 空白的时间轴思维图

2.组织、总结、评价学生汇报的成果。引导学生整体感受画家作品风格。

3.互动赏析不同的《九方皋》。

请学生以小组合作的形式对比赏析，探讨这几幅作品分别属于什么画种，之后进行分组汇报。

教师提问：徐悲鸿在绘画上具备什么样的特殊能力？

4.组织、总结、评价学生交流。引导学生认同画家"中西兼擅"的艺术风格。

学生活动

1."小主持人"组织学生通过小组讨论、网络查询等手段完善思维图，并分析徐悲鸿作品的艺术风格和他的家国情怀（见图8-5）。

图8-5 由学生主导完善时间轴思维图

2.学生参与小组合作研讨和汇报。

合作共学，认识徐悲鸿"中西兼擅"的艺术风格。

3.学生合作交流，对比徐悲鸿同一主题下的中国画、油画《九方皋》，认同画家徐悲鸿"中西兼擅"的艺术风格。

学生回答：徐悲鸿把中国画画得很好，又能把西方代表性的油画画得很好。

4.学生总结板书"中西兼擅"。

活动意图：从多个方面深入欣赏和评述一幅作品，既是对预学和自学的梳理，又使学生初步感受徐悲鸿的艺术情怀，为后面的理解"家国情怀"作铺垫。同时也是对学生课前问题"除了画马，还会画什么"的间接回答。

对视觉形象的感知，是美术课程的特征之一和前提。这个环节让学生既感受到徐悲鸿的刻苦努力——为画好一张画不辞辛苦画出多个版本，又认识到徐悲鸿艺术尤为突出的"中西兼擅"的特点，为理解之后更具难度的"中西融合"的艺术特点搭建脚手架。

环节三：对比赏析 凸现中西融合

教师活动3

1.以徐悲鸿"奔马"为主题，组织小组合作对比赏析。请学生结合人生经历，通过对比深入概括徐悲鸿的艺术风格。

学生活动3

小组探究，理解徐悲鸿中西融合的艺术风格。

1.通过对比、观察，感悟徐悲鸿作品"马"的艺术风格。

教师活动

图 8-6 同代对比
——齐白石画的马与徐悲鸿画的马

图 8-8 中西对比
——写实油画中的马与徐悲鸿画的马

2. 组织、总结、评价学生交流。引导学生认同画家"中西融合"的艺术风格。

学生活动

通过合作、探究,学生发现徐悲鸿作品"写实"的艺术特色——齐白石画的马,可爱、卡通、有趣、天真,徐悲鸿画的马,洒脱、刚劲、有力(见图 8-6)。

通过合作、探究,学生发现徐悲鸿作品"写意"的艺术特色——唐朝画家韩干画的马线条粗细均匀,描绘细致,徐悲鸿画的马线条时隐时现、时有时无,线条的粗细变化差别也很大(见图 8-7)。

图 8-7 古今对比
——唐朝画家韩干画的马与徐悲鸿画的马

通过合作、探究,学生发现徐悲鸿作品既有西方写实又有中国写意的特点——西方写实的马准确、细腻,徐悲鸿画的马重视神韵(见图 8-8)。

通过合作、探究,学生发现徐悲鸿的作品显示了省略、概括、夸张等中国写意画的多个关键特征(见图 8-9)。

图 8-9 生活与绘画对比
——现实中的马与徐悲鸿画的马

2. 学生认同并板书:写实 写意。

教师活动　　　　　　　　　**学生活动**

　　活动意图：美术课程凸显视觉性。多次视觉上的直观比较，阶梯状地逐步引导学生认识和感悟徐悲鸿从"中西兼擅"到"中西融合"的艺术特点。同时，呼应本课的教学重点，解决教学难点。具有相关性和说服力的图片资料，引导学生运用领悟到的欣赏评述的方法，学以致用，并以语言表达出来。

环节四：解读题款　感悟悲鸿情怀

教师活动 4

　　请学生进行交流汇报，以小组合作的形式解读题款，探讨徐悲鸿艺术家的情怀。

　　1.作品《风雨鸡鸣图》题款解读（见图 8-10）。

图 8-10　《风雨鸡鸣图》及其题款

　　2.作品《前进》题款解读（见图 8-11）。

图 8-11　《前进》及其题款

　　3.教师提问：通过读题款，你读到了徐悲鸿怎样的心情？徐悲鸿仅仅是在画马吗？你读懂了什么？

学生活动 4

　　解读题款，感悟徐悲鸿的理想情怀。

　　1.基于卢沟桥事变的历史背景。

　　读题款："风雨如晦，鸡鸣不已……"

　　谈感想："徐悲鸿把鸡鸣比喻为胜利的希望……"

　　2.《前进》作于 1941 年抗日战争中的第二次长沙会战期间。

　　读题款："辛巳八月十日第二次长沙会战，忧心如焚，或者仍有前次之结果之。企予望之……"

　　谈感想："听闻国难当头，徐悲鸿心急如焚。他画这幅画抒发自己的忧急之情……"

　　3.学生回答：徐悲鸿通过画作的形式为民族和国家的命运发声呐喊，唤醒民众去战斗和拼搏。

教师活动　　　　　　　　　　　　**学生活动**

活动意图： 美术核心素养中的"文化理解"，要求从文化角度来分析和理解艺术作品的文化内涵与含义，以及由此反映出的本民族的历史和文化，促进学生养成尊重和珍视祖国优秀文化与传统的必备品格。

题款是中国优秀传统文化之一。本环节引领学生通过解读题款，将对徐悲鸿的欣赏上升到精神层面。文以心生，托物寄情，徐悲鸿的作品曲折表达出他浓郁的家国情怀。赏析他的作品也是对学生人文精神的一次涵养。

环节五：拼摆创作　师生共表达

教师活动5

1. 教师演示画马。

徐悲鸿是如何做到"中西融合"的呢？关键在于他用传统的毛笔和墨对接西方画的明暗、体积和透视等。他和许多传统画家不同，他的起笔几乎可以从任何地方开始，既符合西方绘画的解剖结构，又符合中国画的分黑布白、阴阳向背的规律。

2. 请学生探究徐悲鸿画马的组合规律。

3. 请学生以小组合作的方式，运用分析出来的组合规律，试着合作拼贴一幅"八骏图"。

学生活动5

实践创作，表达自己的理想情怀。

1. 学生欣赏教师示范创作，直观了解水墨马的表现过程，深入理解"中西融合"。

2. 学生探究并发现，有聚有散、有疏有密的组织画面（见图8-12）。

图8-12　徐悲鸿画马的组合规律

3. 每个小组利用剪下的悲鸿马图片合作拼摆一幅"八骏图"，借奔马创作表达自己的理想情怀。

活动意图： 教学设计从学情中来。本环节呼应学情，间接回答学生课前问题"徐悲鸿画马的技巧是怎样的"。教师的演示引领学生将对徐悲鸿的欣赏评析具化为怎样用传统笔墨工具实现中西融合。

环节六：分享交流　师生同感动

教师活动6

组织回顾，评价拓展。

学生活动6

学生交流，借创作奔马表达新时代学生的理想与自己的情怀。

活动意图： 引领学生认识到徐悲鸿的成功源于勤奋刻苦的努力，引导学生形成正确的价值观。

（七）板书设计（见图8-13）

图8-13 板书设计（手写部分由学生完成）

（八）作业与拓展学习设计

学生艺术实践设计：借奔马创作表达自己的理想情怀。以小组合作的方式，运用徐悲鸿的绘画组合规律，合作拼贴一幅"八骏图"。多个小组的"八骏图"连缀在一起，又形成了更壮观的"万马奔腾"的图卷。

拓展设计：徐悲鸿还有许许多多的作品，如《愚公移山》《田横五百士》等人物画，请利用课后时间进一步赏析徐悲鸿更多艺术作品。

（九）特色学习资源分析、技术手段应用说明

本课的教学设计紧扣学生的核心素养，引导学生通过审美感知、文化理解、艺术表现等阶段，一步步沿着"中西兼擅—中西融合—家国情怀"的脉络由易到难、由表及里地赏析徐悲鸿的作品，培养学生勇于探究的习惯，提高学生人文积淀和审美情趣，提升学生国家认同感与国际理解能力。

1. 有意味的图片，紧贴核心素养

本课的教学设计，力图通过有意味的图片，多维度、多时空地进行视觉比较，推动"审美感知"；立足家国情怀，推动"文化理解"。三幅构图相似的异体画《九方皋》并置在一起，既有中国画，也有油画，学生可以在视觉上感受到徐悲鸿"中西兼擅"的艺术风格。

2. 视觉的比照，紧贴学情

从学情中来，到学情中去。美术课本质上是视觉的艺术。本课的教学设计强调"视觉的比照"，使本课"评析有理"，而"紧贴学情"，则使鉴赏"有根有据"。借助徐悲鸿著名的水墨马，本课设计了4个有梯度的对比，由易到难、由表及里，让学生经历感性与理性

双重体验。

（十）教学反思与改进

本课把学情作为教学设计的出发点，每个环节都与学生的困惑或兴趣点相关联，体现了儿童站立在课堂正中央的教育理念。本课的设计，回应了学生最感兴趣的几大问题，按照这种教学思路的发展，本课的课前调研量，还尚少。今后，我们将尝试建立数据库，增加调研量，扩大数据来源，让数据更可靠；还考虑尝试针对具体班级做深入的"个性化"调研，让数据更精准。

本课的教学设计和课堂实施，基本达成了预设的课堂学习目标，课前学生的疑问在课堂实施后，也基本都得到了解答。因为课堂时间所限，学生未能在教师演示之后进行相应的水墨画马的练习，在体验上还有不足。

教研员点评

1. 创设赏析情境，促进美术课程育人

美术课程以视觉形象为基础，课程体现视觉性。本课选用了徐悲鸿经典作品和相关图片创设赏析情境，充分发挥视觉性学习资源的育人作用与价值。

本课以学生提出的感兴趣的问题为出发点，提供大量视觉资源情境，学生在学习活动中围绕一系列图像，合作探究对比同代作品、对比古今作品、对比中外作品，借此掌握基本的美术欣赏评述的方法，在相互协作的过程中认识画家"中西融合"艺术作品风格，在作品内容的深入分析解读中理解徐悲鸿的家国情怀。

"画家徐悲鸿"一课选用数量众多的美术作品创设赏析情境，徐悲鸿作品的赏析贯穿教与学过程始终。紧扣学生的审美感知素养，促进文化理解素养的形成。

2. 挖掘艺术作品价值，促进美术课程育人

徐悲鸿的作品蕴含着极高的艺术价值和育人价值。本课着重赏析的作品《九方皋》《奔马图》《风雨鸡鸣图》《前进》既展现出了徐悲鸿中西融合的艺术风格，又体现出画家浓浓的家国情怀。教师充分挖掘徐悲鸿艺术作品蕴含的价值，在教与学的过程中，引导学生多角度深入赏析徐悲鸿的《九方皋》《奔马图》等作品，促进学生在合作、探究活动中形成正确的价值观念和必备品格，掌握关键能力。

从具体实施的方面来看，教师挖掘徐悲鸿艺术作品中的题款，借此揭示画家作品中表达的价值观念。学习活动中选取了徐悲鸿具有代表性的《风雨鸡鸣图》和《前进》，体会画家深切的人文情怀，对国家和民族命运的担忧，对民众的鼓舞和唤醒。这突破了对画面表象的分析和鉴赏，也使学生在感受和理解审美情趣的基础上，形成一种人文积淀。

3. 尊重学生主体性，促进美术课程育人

本课尊重学生主体性就是"让儿童站立在美术课堂的正中央"教育理念的体现。"让儿童站立在美术课堂的正中央"不仅体现在学生的站位，还体现在从学生的学习需求出发，把学生的困惑和问题作为教学设计的基础，然后选择适当的教与学方法，利用对比法、体验法、探究法及合作学习等，从不同的角度引导学生进行美术审美感知和文化理解；教与学的过程给予学生充分的思考、交流的时间和空间，在欣赏、讨论、评述的过程中，引导学生充分理解徐悲鸿美术作品的风格与魅力，认同徐悲鸿的创新精神与家国情怀。

尊重学生主体性还表现在帮助学生"预学、共学、延学"。课堂上学生带着他们的预学成果，有针对性地展开共学。学习并不是以课堂的铃声为结束，而是带着自我的思考走出课堂继续延学。预学的问题反馈使教师更精准地掌握学生兴趣点，促进课堂环节紧紧围绕学生兴趣点，依靠自学、共学解决学习中的关键问题。

评课人：杨健　北京市海淀区教师进修学校